安徽省高等学校省级质量工程教学研究资助项目
安徽省名师工作室“向善工作室”资助项目
安徽医科大学重点学科“马克思主义中国化研究”资助项目

实践教学论：高校思想政治理论课“实践教学全覆盖”研究

王兆良　主编

合肥工业大学出版社

图书在版编目(CIP)数据

实践教学论:高校思想政治理论课“实践教学全覆盖”研究/王兆良主编.
—合肥:合肥工业大学出版社,2022.4
ISBN 978-7-5650-5869-1

Ⅰ.①实… Ⅱ.①王… Ⅲ.①高等学校—思想政治教育—教学研究—中国
Ⅳ.①G641

中国版本图书馆 CIP 数据核字(2022)第 069165 号

实践教学论
——高校思想政治理论课“实践教学全覆盖”研究

王兆良 主编 责任编辑 王钱超

出版	合肥工业大学出版社	版次	2022 年 4 月第 1 版
地址	合肥市屯溪路 193 号	印次	2022 年 4 月第 1 次印刷
邮编	230009	开本	710 毫米×1010 毫米 1/16
电话	人文社科出版中心:0551-62903205	印张	12.5
	营销与储运管理中心:0551-62903198	字数	224 千字
网址	www.hfutpress.com.cn	印刷	安徽联众印刷有限公司
E-mail	hfutpress@163.com	发行	全国新华书店

ISBN 978-7-5650-5869-1 定价:39.00 元

前 言

“实践教学全覆盖”即“实践教学覆盖全体学生”，是2015年教育部颁布的《高等学校思想政治理论课建设标准》中首次提出的重要范畴，旨在改进和创新思想政治理论课教育教学的方式和方法，切实增强思政课教学的实效性，从而使思政课成为学生真心喜爱、终身受益、毕生难忘的课程。

实践教学一直是高校思政课教育教学关注的重点问题。《中共中央宣传部 教育部关于进一步加强和改进高等学校思想政治理论课的意见》（教社政〔2005〕5号）要求高等学校思想政治理论课所有课程都要加强实践环节，并把它作为切实改进高等学校思想政治理论课教育教学的方式和方法。2008年，《中共中央宣传部 教育部关于进一步加强高等学校思想政治理论课教师队伍建设的意见》把实践教学作为一种教学制度，并明确规定要从本科思想政治理论课现有学分中划出2个学分、从专科思想政治理论课现有学分中划出1个学分开展本专科思想政治理论课实践教学。

2009年，《中共安徽省委教育工委、安徽省教育厅关于进一步加强高等学校思想政治理论课建设的意见》提出了建立和完善实践教学保障机制，探索实践育人长效机制的具体措施：选择一批具有一定代表性或典型意义的村镇、社区、企事业单位、爱国主义教育基地等，建立相对稳定的思想政治理论课教学实践基地。2013年，《中共安徽省委教育工委关于进一步加强高校思想政治理论课实践教学的意见》以提高学生的思想政治素质，增强学生的社会责任感、创新精神和解决实际问题的能力为出发点，从“统筹规范思政理论课实践教学工作”“深入推进思政理论课实践教学改革”“加强对思政理论课实践教学的组织领导”等方面提出了新形势下如何加强高校思政课实践教学工作的要求。

2015年，教育部出台的《高等学校思想政治理论课建设标准》更是把实践教学作为思政课建设的重要内容，要求将“实践教学纳入教学计划，统筹思想政治理论课各门课的实践教学、落实学分（本科2学分，专科1学分）、教学内容、指导教师和专项经费。实践教学覆盖全体学生，建立相对稳定的校外实践教学基地”等指标内容并入思政课建设标准评价体系，同时把实践教学规定为学校宣传部、教务处、财务处、学生处、团委、思政课教学科研机构等部门应尽的责任。2019年，教育部印发的《普通高等学校马克思主义学院建设标准（2019年本）》进一步强调“实践教学原则上覆盖全体在校学生”。

“实践教学全覆盖”是在肯定以往高校思政课实践教学价值的基础上，对新形势下的思政课提出的新要求、新目标，这是对高校思政课的实践教学更高的要求与期许。因此，加强“实践教学全覆盖”问题的研究，提升高校实践育人的效果，对提高大学生创新意识与创新能力具有重要的现实意义。

实践育人，特别是实践教学依然是高校人才培养中的薄弱环节。准确理解思政课实践教学的科学内涵是提高高校思政课教学实效性、深化教学效果的首要问题。迄今为止，各高校实践教学的开展虽然取得了一定的成效，但仍存在诸多问题，尤其是对“实践教学全覆盖”问题的研究，国内学术界尚处于刚刚起步阶段。对于如何加强思政课实践教学问题，我们一直在不断地探索，既有带领同学们进行实践教学的各种经历和经验，又有先后与合肥大圩镇、肥西小井庄、安徽江淮汽车集团股份有限公司、六安独山镇等共建11个大学生思政课实践教学基地的实施措施。

今天呈现给大家的《实践教学论：高校思想政治理论课“实践教学全覆盖”研究》为2016年安徽省高等学校省级质量工程教学研究重大项目“思想政治理论课‘实践教学全覆盖’研究”（2016jyxm0501）的结项成果。在本书的编写过程中，编者以马克思主义实践观为指导，以党和国家关于思政课实践教学的文件精神为指引，以安徽医科大学对思政课实践教学的探索为案例，在吸取理论界相关思政课以及实践教学等研究成果的基础上，从实践育人的视域，探讨了思政课实践教学的科学内涵、实践教学基地的建设与管理、如何使思政课实践教学覆盖全体学生以及实践教学的育人功能等重大理论和现实问题，期望能为高校思政课建设提供一本可供交流、分享的参考书。但编者水平所限，书中难免存在不足之处，敬请广大读者及学界同仁批评指正。

本书由王兆良主编，各章分工编写如下：第一章第一节孙国栋，第二节王兆良，第三节蔡胜；第二章王兆良；第三章丁祥胜；第四章叶娟、张鹏飞；第五章孙国栋；第六章案例一、案例十二王兆良，案例二、案例九叶子辉，案例三、案例四、案例五、案例十一胡军林，案例六王茹，案例七、案例八、案例十周朔。王兆良负责全书的统稿、定稿工作。中国科学技术大学吴兆雪教授、安徽大学王孝哲教授审稿，商丘师范学院孙国栋博士对部分章节进行了修订，安徽医科大学马克思主义学院2019级硕士研究生魏泽文同学校对了部分章节内容。

本书的编写吸收了国内外许多专家学者的研究成果，安徽医科大学团委提供了近年来大学生暑期“三下乡”社会实践活动的相关资料，书中采纳了安徽医科大学领导、老师和同学们参加实践教学活动的讲话、宣讲、演讲比赛、讨论发言、调研报告等成果。本书的出版，得到了合肥工业大学出版社相关人员的大力支持。编者在此一并深表谢意。

王兆良

2021年10月

目　录

第一章　实践教学与实施方案

第一节　实践教学

如同理论与实践的关系一样，理论教学与实践教学是高等教育中不可或缺的重要环节。而在理论教学与实践教学探索的过程中，实践教学在培养学生全面发展、创新思维、团队意识等方面日益彰显出其重要价值，成为高校教育教学中无法代替的教学手段。实践教学是深化课堂教学的重要环节，是学生获取、掌握知识的重要途径①。

一、实践

“实践”一词，主要涵盖两种意义：一是指实际去做，履行。《宋史·理宗本纪》：“至我朝周敦颐、张载、程颢、程颐，真见实践，深探圣域，千载绝学，始有指归。”② 明代张居正在《请申旧章饬学政以振兴人才疏》中写道：“躬行实

① 《教育部等部门关于进一步加强高校实践育人工作的若干意见》（教思政〔2012〕1号）。
② ［元］脱脱等：《宋史·理宗本纪》（二），中华书局，1977年版，第821页。

践，以需他日之用。”[①] 清代陈康祺在《郎潜纪闻》卷八中也提及：“吾恨不从牧令出身，事事由实践。”[②] 明代王阳明的“知行合一”说，把中国古代的实践理论推向一个新高度。毛泽东在其名篇《纪念白求恩》中也指出：“白求恩同志是实践了这一条列宁主义路线的。”[③] 上述话语都凸显了“做”“履行”“执行”的“实践”意蕴。

二是指社会实践，亦即“人类有目的地改造世界的感性物质活动。是对人类自身社会历史活动本质的概括”[④]。马克思在《关于费尔巴哈的提纲》（以下简称为《提纲》）中指出，实践是人类改造世界的现实的感性活动，是能动的革命批判的活动。列宁指出：“生活、实践的观点，应该是认识论的首要的和基本的观点。”[⑤] 毛泽东在《实践论》中进一步指出：“马克思主义者认为人类的生产活动是最基本的实践活动，是决定其他一切活动的东西。”[⑥]

众所周知，马克思主义是“新唯物主义”，其“新”就在于实践性。马克思在《提纲》中，初次提出科学的实践观，为其科学的世界观提供了一个崭新的生长点和立足点，以至于恩格斯把《提纲》称为“历史唯物主义的起源”[⑦]。马克思主义认为，实践是认识的来源，是认识的基础，是认识发展的动力，也是认识的目的，更是检验认识正确与否的唯一标准。实践是人的社会的、历史的、有目的、有意识的物质感性活动，是主观见之于客观的能动的活动，具有能动性、客观性和社会历史性等主要特点。实践主要包括生产实践、阶级斗争和科学实验三大实践活动。通过实践，人们可以判断、鉴别自己的认识是否正确，解决思想、理论本身所不能做到的东西。因此，马克思说：“思想本身根本不能实现什么东西。思想要得到实现，就要有使用实践力量的人。”[⑧] 通过实践，人们才能不断地扩大自己的视野，从未知的世界中不断发现以往所不知的信息，从而不断发现新事物、增加新知识，提升人们认识世界、改造世界的创新能力。正是在这种意义上，马克思明确指出：“哲学家们只是用不同的方式解释世界，而问题在

---

① ［明］张居正：《张太岳集》（上），中国书店出版社，2019 年版，第 78 页。
② ［清］陈康祺：《郎潜纪闻初笔二笔三笔》（上），中华书局，1984 年版，第 165 页。
③ 《毛泽东选集》第 2 卷，人民出版社，1991 年版，第 659 页。
④ 《哲学大辞典》，上海辞书出版社，2001 年版，第 1332 页。
⑤ 《列宁选集》第 2 卷，人民出版社，2012 年版，第 103 页。
⑥ 《毛泽东选集》第 1 卷，人民出版社，1991 年版，第 282 页。
⑦ 《马克思恩格斯选集》第 4 卷，人民出版社，1995 年版，第 721 页。
⑧ 《马克思恩格斯文集》第 1 卷，人民出版社，2009 年版，第 320 页。

于改变世界。”①

马克思主义实践观要求我们想问题办事情，必须坚持实践第一的原则，坚持从实践中来与到实践中去的正确方法，深入了解社会，一切要从具体的社会经济发展的实践出发，正确处理社会主义建设中出现的各种问题、解决各种社会矛盾。马克思主义实践观是我们党的思想路线和政治路线的理论基础，是指导我们进行社会主义现代化建设与解决各种矛盾和问题的根本原则。

二、实践教学

实践教学是巩固理论知识和加深理论认识的有效途径，是培养具有创新意识的高素质人才的重要环节，是理论联系实际、培养学生掌握科学方法和提高动手能力的重要平台。

（一）实践教学的含义

何为实践教学？国内著名学者张森年教授认为，“实践教学既然是相对于课堂教学的一种形式，因此，它应当是课堂理论教学以外的，借助其他教学手段和方法或由学生自主参与的一切教学形式”②。即实践教学是指理论教学（理论灌输）之外的一种特殊教学形式，它既含有课堂内的问答、讨论、演讲、辩论等，又有课外校园内的阅读经典、查阅文献资料、毕业论文设计等，同时还包括校园外的社会实践教学基地开展的各种教学活动以及社会调查、参观、实习、志愿服务活动等。我们认为，在新时代视域下，实践教学就是以“立德树人”为根本任务、以教学大纲为依据、以学生为主体、以社会实践为载体、以社会实践教学基地为依托、以了解社会和服务社会为主要内核的新型教学范式。更确切地说，实践教学是学生作为主体地位并由教师引导的教学活动。具体而言，它就是由学生在学习过程中只当听众、被动地接受知识的旁观者的角色转换为学习过程中以学生为主体的一种具有主动性、积极性和创造性的主导角色的教学活动。

（二）实践教学的作用和特点

实践教学是在学生学习理论知识的基础上，通过实践活动，将形而上的理论知识还原为具体的、感性的现实存在，让抽象的理论条文换化为鲜活生动的现实

---

① 《马克思恩格斯文集》第1卷，人民出版社，2009年版，第502页。

② 张森年：《提高高校思想政治理论课实效性的思考与探索》，《清华大学学报》（哲学社会科学版），2006年增2期。

生活画面，从而使学生能更好地把握要学的知识内容。作为区别于课堂教学的一种教学新范式，实践教学是整个教学环节的重要组成部分，是培养学生动手能力、分析问题和解决问题的能力及创新能力的重要途径。“实践教学是指在教学过程中，建构一种具有教育性、创造性、实践性的以学生主体活动为主要形式，以激励学生主动参与、主动思考、主动探索为基本特征，以促进学生整体素质全面发展为主要目的的教学观念和教学形式。”①

实践教学主要具有以下五方面的特点：

1. 整合多种形式和载体的平台

实践教学不仅能有效整合多元化的教育教学资源，优化教学环境，而且还能有效扩展多维度的教育内容。实践教学的最大亮点就是通过多种载体和形式使理论联系实际，即包括课堂内实践教学活动、校内实践教学活动、实践教学基地实践活动、暑期“三下乡”社会实践活动、节假日社会实践活动等在内的五方面的实践教学，能在其开展过程中整合多种资源和载体，使大学生在实践教学中获取知识、增长才干。

2. 突出生动活泼的感性体验

实践教学的显著功能和价值就是通过寓教于乐、丰富多彩、生动活泼的感性体验，使学生以亲身经历获取感性认识，从而证实了理论知识的正确性及其价值所在，实现了理论知识和客观实践的辩证统一，这样不仅巩固了已有知识、开阔了认知视野，而且还使学生掌握了实践技能、生活技巧。

3. 凸显学生的主体地位和作用

实践教学作为过程，本质上就是主体活动与实践客体、社会环境辩证统一的过程。学生作为实践教学的主体，其主体意识、主体判断、主体创造的价值性，在其所从事的各种形式的实践教学活动中得到充分彰显。学生在实践活动中自我教育、自我发展、自我完善，有利于自身的全面发展。

4. 提升学生的综合素养和能力

现代社会的发展促使教育理念、内容和方式发生很大变化，要求提升学生的主体意识、团队意识和创新意识，提高学生的学习能力、动手能力和创造能力。作为一种体验式的教学范式，实践教学推动了学生探究性学习与合作性学习的辩证统一，实现了理论教学和实践育人的有机统一，提高了学生团队协作意识和创新意识、创新能力，增强了大学生发现问题、分析问题和解决问题的能力。

① 柳礼泉：《大学思想政治理论课实践教学研究》，湖南大学出版社，2006年版，第41页。

5. 彰显立德树人的实践育人意蕴

新时代学校的根本任务就是立德树人。实践教学的目的就是实践育人。作为一项系统性、综合性和整体性的育人工程，实践教学与立德树人紧密相关、相辅相成。通过实践教学环节，学生的知识、技能和能力达到了知行合一，实现了立德树人的根本任务，同时也达到了“德”与“能”的有机统一，实现了构建知识与能力、过程与内容、情感与价值观的“三位一体”的“大思政课”格局。

（三）实践教学的不足与需要解决的问题

相对于理论教学而言，实践教学是教学过程中的薄弱环节。目前，实践教学主要存在以下几个问题。

1. 实践教学的情感认知问题

认知和认识水平不同，结果也就有差异。社会层面、部分学校治理者、一些教师和部分学生对实践教学还存在不同程度的情感认知方面的问题，即比较重视理论教学，而轻视实践教学，甚至把实践教学当作是可有可无的东西；即使对实践教学进行了安排、组织或者参与，但也是蜻蜓点水、浅尝辄止而已。

2. 实践教学的组织管理问题

组织管理是实践教学的关键环节和重要组成部分。目前，有关实践教学的教学制度、管理制度和责任制度都还不够完善、健全，教学质量评价体系还不明确，组织管理理念、举措跟不上实践发展。这些因素的存在都制约着实践教学的质量提升。

3. 实践教学的教学安排问题

在理念上对实践教学的轻视、忽视，客观上就会带来教学安排上的不足和弊端，主要表现在：一方面是对实践内容以及教学计划、教学时间、教学地点等安排的随意性、非制度性，达不到对理论教学重视的高度；另一方面，对实践教学实践基地建设以及可持续利用问题重视不够，对暑期“三下乡”活动以及节假日调研活动的制度化建设谋划得也不够。

4. 实践教学的评价体系问题

实践教学综合评价体系的建立健全是考核实践教学质量的重要组成部分。实践教学的评价考核问题是实践教学过程中的重要步骤和必备环节。对实践内容以及教学计划、教学时间、教学地点等安排的随意性和非制度性，自然而然就会带来考评体系和质量监控体系的不科学、不细致，没有可操作性，致使教师和学生均“无所适从”。没有建立起科学规范、具有可操作性的考核办法，就不能实现对实践教学质量、目标的把控和监管。

5. 实践教学中主导和主体之间的关系问题

实践教学中教师是主导，学生是主体。但实际教学中，教师由于自身阅历、理论知识和实践技能等多方面不足的存在，主导作用不彰，对学生缺乏真正的指导；学生由于受自身身份、教学纪律和学习考核等多因素的影响，在实践活动中的主体意识不强，参与积极性不高，认为实践教学中教师既是主导，也是主体，如此主导和主体之间关系就错位了。

三、实践教学法

实践教学法作为一种重要的教学手段，在日常的教学活动中发挥着重要的作用。而如何理解实践教学法，人们对此有着不同的认知与看法。有的学者认为它是一种使抽象理论转换为实际能力的活动，“实践教学法是指在教学过程中，根据教学内容，运用丰富多彩的教学手段和实践活动，使抽象化的理论知识转化为学生的理性认识和实践能力的一种行之有效的教学方法。”① 有的学者认为它是一种通过教学活动让学习者获得问题答案的方法，“实践教学法是在教学过程中，教师通过开展与课堂教学内容相关的一系列活动，将理论知识贯穿于整个教学活动中，让学生在活动中找到问题的答案，使问题得到解决，同时加深学生对问题知识点的记忆和理解的一种教学方法。通过实践的教学方式，突出学生这个学习主体，帮助提高学生的综合素质能力，促进学生学习成绩的提高。”② 还有的学者认为它是一种由抽象的知识转换为实践技能与理性认知的手段，“实践教学法指的是在教学过程当中，结合教学知识，通过多样化的教学方式与实践活动，转变抽象的理论内容为实践技能与理性认知的一种高效的教学方法。”③

我们认为，要了解实践教学，首先要在把握“教学”“方法”内涵的基础上，将其与“实践”所包含的意义结合起来，才能更为准确地诠释实践教学法。

教学，是由教师和学生两方面共同合作的一种人类特有的人才培养活动。通过教与学的活动，教师有目的、有计划、有组织地实施其教的任务，学生则通过听课、实践等不同形式的学习活动完成自己的学业，从而成为社会所需要的人。

---

① 刘启春：《论实践教学法在高校“思政”课教学中的创新模式》，《山西高等学校社会科学学报》，2012 年第 6 期。

② 王振威，许佳：《实践教学法在本科教学中的应用实践研究》，《中国市场》，2016 年第 10 期。

③ 赵茜苹：《实践教学方法在〈思政〉课教学中的应用可能性探讨》，《贵州广播电视大学学报》，2017 年第 4 期。

方法，是指为获得某种东西或达到某种目的而采取的手段与行为方式。“‘方法’的含义是指沿着正确的道路行进的意思，即人类活动的具体方式、组织程序、操作手段和表述形式的总和。”① 方法是人类认识客观世界和改造客观世界应遵循的某种方式、途径和程序的总和。这即是说，无论是认识世界，还是改造世界，它们都离不开方法。因此，历史上的一切哲学家、思想家都十分重视方法问题。英国哲学家培根认为方法是在黑暗中照亮道路的明灯，是条条蹊径中的路标，他把方法称为“新的工具”，将其著作命名为《新工具》：“赤手做工，不能产生多大效果；理解力如听其自理，也是一样。事功是要靠工具和助力来做出的，这对于理解力和对于手是同样的需要。手用的工具不外是供以动力或加以引导，同样，心用的工具也不外是对理解力提供启示或示以警告。”② 好的方法对于认知活动，如同好的工具对于实践活动，能够起到事半功倍的效果。毛泽东把方法比作过河的桥和船，他说：“我们的任务是过河，但是没有桥或没有船就不能过。不解决桥或船的问题，过河就是一句空话。”③ 因此，方法问题，无论对于实践活动，还是对于认知活动，都具有非常重大的理论和现实意义。

从方法的含义上来考察实践，实践本身就有着方法的意义。

就实践而言，“它是以人为主体，以世界上任何事物（包括人自身在内）为对象（客体）的现实的物质运动。”④ 这表明，实践与动物自然的、本能的对象性活动是有着本质区别的，它是一种人类所特有的有计划、自主性的创造性社会历史活动。从这种意义而言，实践是一种知识体系，它需要人们认知和掌握。

从另一个维度上说，实践又是一种方法、手段，是人们认识、了解世界的工具和武器。从这一点来说，实践具有方法的功能，是人们与自然界和人类社会交往的必要工具。

实践作为知识（理论）和方法，并不是两个不同的东西，而是一个东西的两个维度、两个层面。二者的区别在于前者是一种知识观点，后者是一种方法工具。

由上而知，实践教学作为一种方法，是高校教育教学中必不可少的教学方法。无论是完成高校教学、管理和服务任务，还是培养学生成长成才、创新发

① 孙显元：《马克思主义科学方法论》，人民出版社，1993 年版，第 3 页。

② ［英］培根：《新工具》，商务印书馆，1984 年版，第 7-8 页。

③ 《毛泽东选集》第 1 卷，人民出版社，1991 年版，第 139 页。

④ 周孟璞：《马克思主义哲学全书》，中国人民大学出版社，1996 年版，第 623 页。

展，实践教学都是必不可少的一种途径和方法。

实践教学法是通过社会实践对人进行教育的方法，其组织、引导人们积极参加各种社会实践活动，从而不断提高人们的思想觉悟水平和认识能力。实践教学方法是人们树立正确世界观和人生观的必要途径，因为思想政治工作要解决人们的思想、观点和政治立场问题，除了要通过各种渠道和形式对人们进行系统的马克思主义理论教育和党的路线、方针、政策教育以外，还必须积极地组织、引导人们参加各种形式的社会实践活动，使他们在这些实践活动中受到锻炼和教育。

社会实践不仅使人们在实践过程中丰富理论认识，而且在艰苦复杂的社会环境中人们的思想认识会更加成熟。社会实践使受教育者广泛接触劳动群众，熟悉、了解人民群众的思想感情，增强群众观念，并在艰苦环境中受到锻炼。因此，实践教育具有特别重要的意义。青年人成长过程的大部分时间是在学校里度过的，缺乏生活体验和实际知识。教师积极组织和引导他们参加各种社会实践活动，不仅可以使他们接触、了解社会实际，开阔视野、增长才智，而且可以使他们亲眼看到我国改革开放以来在经济建设、政治建设、文化建设、社会建设、生态文明建设以及国防军队建设、外交战线以及党的建设等各方面产生巨大变化的事实，从而更加坚定青年学生的社会主义信念，增强他们对实现社会主义现代化和中华民族伟大复兴的信心。参观访问，到专业对口单位实习，参加各种类型的研究组织、科研小组，进行专题调查，开展为群众做好事的公益活动，担任一定的社会工作等，这些多样的实践教育形式都可以使青年学生从中受到生动的思想政治教育。实践教学在具体运用时，还必须针对不同对象的思想实际，选择适当的时机和恰当的形式，才能收到良好的效果。实践、认识、再实践、再认识是个循环往复的过程，根据一定时期的思想政治教育的目的和任务，随着人们思想发展变化的实际状况，灵活地运用和积极地创造各种适当的实践教育形式，是思想政治教育取得成效的关键。

可见，实践教学法是回应理论教学、解答实际问题的诸如课堂讨论、实验操作、调查研究等课堂理论教学以外的各种教学方法，既包括课堂实践教学、校内实践教学，又包括志愿活动、公益劳动、社区服务、社会调查、企业调研、农村考察等社会实践活动。因此，需要“制定加强高校实践育人工作的办法。结合专业特点和人才培养要求，分类制订实践教学标准。增加实践教学比重，确保各类专业实践教学必要的学分（学时）。”①

---

① 《教育部关于全面提高高等教育质量的若干意见》（教高〔2012〕4号）。

第二节　思政课实践教学的内涵与意义

思政课作为高校的一门公共课，长期以来其教学主要依靠理论教学来进行，以课堂、书本、教师为中心，以理论灌输为主，重课堂教学轻课外实践，重说教轻互动，致使教学内容脱离社会和学生实际，缺乏感染力和说服力。很多学生对该课程的学习缺乏积极性和主动性，甚至产生抵触情绪，教学效果不甚理想。为了改变这种状况，党和国家、各级教育部门以及高校，尤其是高校思政课的教师，对思政课教学改革进行了积极探索。

一、思政课实践教学的基本内涵

思政课的教育教学主要由两个基本环节构成：一是理论教学，二是实践教学。关于前者，我国已经形成比较规范的教学体系；关于后者，则是处于探索和完善阶段，还没有形成较为完整的、规范的实践教学体系。

我们认为，思政课实践教学主要包括五个层面：一是课堂实践教学，如课堂讨论、演讲、辩论等；二是校园实践教学，如在图书馆、校史馆、学术报告厅、学生宿舍等特定场所进行的读经典、看展览、演讲比赛、专题报告等；三是大学生思政课实践教学基地的实践教学，如社会调查、参观访问工厂企业、参加农业生产劳动等；四是文化、科技、卫生等暑期“三下乡”的实践教学；五是节假日实践教学，主要是指在暑假、寒假、五一、十一、双休日等国家法定节假日期间师生开展的诸如社会调查、政策宣讲以及各种形式的志愿服务等活动。

关于思政课实践教学的含义，国内学界认识不一。有的学者从教学目标的角度阐释，指出实践教学应该是课堂内外相结合，涵盖各种能增强学生能力和提高素质的活动。王朝方认为：“思想政治理论课实践教学是将思想政治理论课基本理论知识与大学生个性发展规律以实践活动的形式整合起来，进而实现理论与实践、课内与课外教育的有机结合。”① 李平认为：“思想政治理论课实践教学，是

① 王朝方：《论高校思想政治理论课实践教学的意义及其途径》，《理论导刊》，2009 年第 9 期。

思想政治理论课教学的有机组成部分。具体而言，是指在整个教学过程中，学生在教师的指导下，在开放的时空环境中，按照思想政治理论课教育教学的目标和要求，采取各种实践活动方式（如研究讨论、社会调查、志愿服务、公益活动等），有组织、有计划地获得知识，增强能力和提高素质的教学活动。”① 而有的学者更多的是强调思政课实践教学的社会实践性。如曾令超认为：“思想政治理论课的实践教学，是指以提高大学生思想政治素质和观察分析社会现象的能力为目标，在教师的组织和指导下，依据思想政治理论课的课程内容要求，引导大学生走出课堂，到基层去，到工农群众中去，开展形式多样的社会实践活动的一种教学形式。”② 有的学者指出，马克思主义是我们党和国家必须长期坚持的指导思想，作为对学生进行马克思主义理论、毛泽东思想、中国特色社会主义理论体系教育的思政课，在开展实践教学、规范各方面教学行为时，首先必须从马克思主义实践哲学出发，站稳马克思主义实践哲学的立场，站在马克思主义理论的高度上理解实践教学的关键概念“实践”。正是认识到了这一点，何益忠、周嘉楠对思政课实践教学做了如下定义：“思政课实践教学应该是以丰富多彩的社会生活为舞台，以物质生产劳动为依托，以丰富感性认识、检验理性认识为重点，帮助学生树立正确的世界观、人生观、价值观，引导学生坚定马克思主义信仰、践行共产主义远大理想和中国特色社会主义共同理想的教学活动。”③

2019 年 8 月，中共中央办公厅、国务院办公厅印发的《关于深化新时代学校思想政治理论课改革创新的若干意见》（以下简称《若干意见》）强调，思政课教学要“同生产劳动和社会实践相结合”，推动思政课实践教学与学生社会实践活动、志愿服务活动结合，完善思政课实践教学机制。习近平总书记的系列重要讲话精神及《若干意见》中关于思政课实践教学的论述是新时代我们加强实践教学、创新实践教学体系的根本遵循和重要依据。

总之，思政课的实践教学就是在对“马克思主义基本原理概论”“毛泽东思想和中国特色社会主义理论体系概论”“中国近现代史纲要”“思想道德修养与法律基础”（以下简称“原理”“概论”“纲要”“基础”）等课程进行理论教学的同时，采取不同形式的实践教学方法，锻炼和提升大学生分析和解决社会问题的能力以及帮助其树立正确的世界观、人生观、价值观等一系列的教学活动。

---

① 李平：《关于加强高校思想政治理论课实践教学的思考》，《铜仁学院学报》，2009 年第 3 期。

② 曾令超：《高校思想政治理论课实践教学探究》，《思想理论教育导刊》，2009 年第 10 期。

③ 何益忠，周嘉楠：《思政课实践教学：概念辨析与体系创新》，《中国高等教育》，2020 年第 6 期。

二、思政课实践教学的宗旨

思政课实践教学的宗旨主要是指通过实践教学，使大学生在了解马克思主义理论知识的基础上，通过丰富多彩的感性实践活动，进一步加深对课堂理性知识的认知，从而实现理论性和实践性的统一。具体而言，它主要体现在以下几个方面：

一是通过实践教学，深化大学生对马克思主义基本理论的认识，使他们进一步确立正确的世界观、人生观和价值观。思政课实践教学不同于其理论教学，它以实践教学的形式，使同学们进一步理解在课堂上学习的基本理论、基本原理的科学性，其目的就是要在同学们的头脑中烙下理论知识的印记，并把这些基本原理作为自己认识世界和改造世界、认识社会和改造社会的指导理论。教师要通过实践教学，把理论学习与实践活动结合起来、把课堂教学与生活体验结合起来、把思想教育与社会锻炼结合起来，使大学生在实践教学的过程中加深对马克思主义基本理论的理解，帮助大学生树立正确的世界观、人生观和价值观，确立科学的思维方式和创新意识，培养他们服务社会的全面素质和综合能力。

二是通过实践教学，让大学生学会认识世界、融入社会、独立思考、辨别是非、解决问题，培养其创新意识和创造能力。众所周知，“两耳不闻窗外事，一心只读圣贤书”的学习方式早已不是现代社会的教育理念。今天的大学生活，就是要引导学生走与实践相结合的道路，就是要让他们明白知识转化成真正的能力要依靠实践的经验和锻炼，就是要让他们知晓如何融入日新月异的复杂社会，就是要激发他们了解和服务社会的主动性，就是要借实践教学之机培养其社会实践能力、交际与应变能力，使他们在社会实践中形成学会生存、学会创造、学会关心、学会沟通、学会明辨是非、学会正确处理各种矛盾、学会解决各种问题的能力，从而培养他们艰苦奋斗的创业精神，增强他们的社会责任感和历史使命感。

三是通过实践教学，激发大学生积极参与思政课教学的主动性、自觉性，建立以人为本、以学生为主体的教学模式。与教师占主导地位的抽象性的理论教学相比，实践教学具有三个明显的优势。其一，实践教学是以学生为主体的教学形式，无论是课堂讨论、演讲、辩论赛，还是参观博物馆、乡村、企业工厂，无论是调查研究，还是当志愿者、参加劳动等，这些活动均是以大学生为主角的活动。作为现实事件的主要参与者，大学生自觉或不自觉地走到了实践教学的舞台中心，主体角色助推了他们学习好思政课的自觉性和责任感。其二，实践教学的直观性、生动性、形象性以及可操作性，无形中激发了大学生学习思政课的兴趣，增强了教学效果。其三，实践教学只有牢固确立以学生为本的教育理念，才能使思政课教学真正向着有利于学生主体的学习和接受、促进大学生的健康全面发展的方向展开，才能不断增强思政课教学的感染力和实效性，使思政课教学真正达到关爱人、完善人、发展人的目的。

三、实践教学是思政课教育教学的重要环节

思政课实践教学环节内容丰富、形式多样，具有较强的灵活性。它主要是指在基本理论教学环节的基础上，通过“看”“听”“做”“写”等具体实践途径，使大学生实现对课堂上学习的基本理论、基本知识的进一步理解、消化、吸收、内化，实现对思政课基本理论、基本原理的实践应用。“看”，就是去了解诸如校史等校园文化，参观红色革命圣地、博物馆、农村包产到户发源地、社会主义新农村建设的典型、改革开放以来迅速发展的大型工厂和企业等，为大学生增加感性认识、开阔视野、创新思维提供了具有鲜活时代特色的现实材料。“听”，就是去聆听一些先进个人、知名学者、劳动模范、榜样人物等所作的报告或介绍，从他们所从事的平凡工作中，体味出不一样的人生。同学们从生动、鲜活的实例中去感受他们是怎样为了国家、为了人民、为了中国特色社会主义伟大事业而做出自己的贡献的。“做”，就是去参加一些体力劳动。通过亲身体验劳动，同学们能够深刻感受到劳动者的辛苦与光荣，深刻认识到劳动在人类社会发展中的重要作用。劳动不仅创造了人类必需的物质财富，也创造了人类社会的一切文明成果。“写”，就是去写感想、写收获、写总结、写认识等，是对“看”完之后、“听”完之后、“做”完之后自己内心一些体会的记录，是认识升华的过程，是理性认识指导下感性认识的再上升。通过调查报告、心得体会、学习收获、观后感等形式表现出来的思想认识上的收获，真正做到了“抓铁留痕”，留下了思政课实践教学成果的印迹。

思政课实践教学为大学生进一步确立科学的世界观、人生观和价值观提供了一个认识和了解现实世界的大舞台。思政课实践教学正是通过各种各样的社会实践活动，使大学生更进一步掌握马克思主义的认识世界和改造世界的基本立场、观点和方法，从而为引导大学生坚定马克思主义信仰、践行共产主义远大理想和中国特色社会主义共同理想，为进一步强化思政课的针对性和实效性拓展了渠道和平台。

四、实践教学是思政课建设标准的重要内容

社会实践教学一直是思政课教育教学的重要内容。教育部思政课“05 方案”要求高等学校思想政治理论课所有课程都要加强实践环节，并把它作为切实改进高等学校思想政治理论课教育教学的方式和方法。2008 年，《中共中央宣传部 教育部关于进一步加强高等学校思想政治理论课教师队伍建设的意见》（教社科〔2008〕5 号）中把实践教学作为一种教学制度，并明确规定：“要从本科思想政治理论课现有学分中划出 2 个学分、从专科思想政治理论课现有学分中划出 1 个学分开展本专科思想政治理论课实践教学。”2009 年，《中共安徽省委教育工委、安徽省教育厅关于进一步加强高等学校思想政治理论课建设的意见》中提出了建立和完善实践教学保障机制，探索实践育人的长效机制的具体措施：“选择一批具有一定代表性或典型意义的村镇、社区、企事业单位、爱国主义教育基地等，建立相对稳定的思想政治理论课教学实践基地。”2013 年，《中共安徽省委教育工委关于进一步加强高校思想政治理论课实践教学的意见》以提高学生的思想政治素质、增强学生的社会责任感、创新精神和解决实际问题的能力为出发点，在“统筹规范思政理论课实践教学工作”“深入推进思政理论课实践教学改革”“加强对思政理论课实践教学的组织领导”等方面对新形势下如何加强高校思政课实践教学工作提出了要求。

2015 年，教育部出台的《高等学校思想政治理论课建设标准》更是把实践教学作为思政课建设的重要内容，并把“实践教学纳入教学计划，统筹思想政治理论课各门课的实践教学、落实学分（本科 2 学分，专科 1 学分）、教学内容、指导教师和专项经费。实践教学覆盖全体学生，建立相对稳定的校外实践教学基地”等纳入思政课建设标准评价体系，同时把实践教学规定为学校宣传部、教务处、财务处、学生处、团委、思政课教学科研机构等应尽的责任。同时，2017 年，中共教育部党组印发的《高校思想政治工作质量提升工程实施纲要》也明确规定：“整合实践资源，拓展实践平台，依托高新技术开发区、大学科技园、城市社区、农村乡镇、工矿企业、爱国主义教育场所等，建立多种形式的社会实践、创业实习基地。丰富实践内容，创新实践形式，广泛开展社会调查、生产劳动、社会公益、志愿服务、科技发明、勤工助学等社会实践活动”。2019 年，中共中央办公厅、国务院办公厅印发的《关于深化新时代学校思想政治理论课改革创新的若干意见》中指出：“坚持开门办思政课，推动思政课实践教学与学生社

会实践活动、志愿服务活动结合，思政小课堂和社会大课堂结合，鼓励党政机关、企事业单位等就近与高校对接，挂牌建立思政课实践教学基地，完善思政课实践教学机制。”

五、实践教学是培养大学生创新能力的必要途径

大学生是宝贵的人才资源，培养其创新能力，是实施人才强国战略、创新人才培养体系、建设创新型国家的重要举措，也是衡量高校教学质量的一个重要指标。大学生的创新能力主要包括创新意识、创新基础、创新智能（包括观察能力、思维能力、想象能力、操作能力等）、创新方法和创新环境等五个方面。

众所周知，大学生思想活跃、思维敏捷，具有创新潜能，只要采取适当的方式方法，他们的创新能力是可以大幅度提高的。如果不进行创新教育，不寻找新的教学思路与方法，大学生的创新潜能很可能萎缩以至消失。从目前我国大学生特别是一般普通高校的大学生来看，他们的创新能力还是需要加强的。这主要表现在以下几个方面：

一是缺乏创新理念和创新欲望。创新欲望是创新能力的动力源泉。没有创新欲望和创新意识的大学生是难以以积极的态度接受知识经验的。丰富多彩的社会实践活动是激发大学生创新理念的重要手段。目前过多的课堂教育教学内容和填鸭式的灌输方式，压抑、阻碍了同学们的创新理念和创新欲望。

二是缺乏创新兴趣和坚守意识。兴趣能够激发同学们对创新的深刻理解，同时推动他们去探索、研究。而目前一些大学生认为上大学就是为了找个好工作，没有理解创新的意义，没有主动激发自己的创新兴趣。另一种情况是大学生有了创新兴趣，但缺乏毅力与坚守，在创新的过程中稍有一点挫折就会停步不前，缺少对创新过程的认知。他们固然理解兴趣的重要，但在创新过程中坚守比兴趣更重要。

三是缺乏创新所需的观察力和创新性的思维能力。这与当代大学生缺乏对我国社会主义现代化建设的了解、认识有很大关系。过去一段时间内，由于教学模式的特殊性，大学生形成了特定的固有模式与思维定式，很难在短时期内形成创新所需要的观察力和创新性的思维能力。这就要求我们从现在做起，从实践做起，不断增强同学们的观察力和创新性的思维能力。

培养大学生创新能力的路径很多，思政课实践教学就是重要途径之一。高校思政课实践教学活动的开展，对于培养大学生的创新能力和实践能力，帮助大学

生端正创新动机、保证创新方向、提高思政课教育教学的针对性和实效性都具有十分重要的意义。“创新是一个民族进步的灵魂，是一个国家兴旺发达的不竭动力。”[1] 在建设创新型国家的总体战略部署下，培养大学生创新能力既是建设创新型国家的必然要求，也是提高大学生自身综合素质的重要途径。

（一）实践教学有利于提高大学生的精神境界，培养其认知能力

实践教学培养了大学生的认知能力，有助于提高他们对事物的构成、性能、与他物的关系、发展的动力、发展方向以及基本规律的把握能力，培养其观察能力、思维能力和想象能力，从而为大学生学习理论知识提供了新视角、新思路。

（二）实践教学拓宽了大学生的认识视野，培养了其认识社会和分析、解决问题的能力

大学生创新能力的培养不仅要具备合理的知识结构、良好的基本技能，还需要具备融入社会的基本能力，如良好的人际交往与沟通能力、健全的人格和良好的心理素质等。实践教学作为一个重要的学习环节，为大学生认识社会、训练能力、提高素质提供了一种有效的途径。它加强了大学生对世情、国情、社情、民情、人情，尤其是对自己所从事的实践活动的了解，培养了运用理论和知识发现问题、分析问题、解决问题的基本能力，从而总体上提高了他们认识和观察社会的能力。

（三）实践教学为培养大学生的创新能力和全面发展提供了舞台

创新能力是指怀疑、批判和调查的能力，是人们运用知识和理论，在科学、艺术、技术和各种实践活动领域中，不断提供具有经济价值、社会价值、生态价值的新思想、新理论和新方法的能力。

思政课是大学生系统学习马克思主义理论知识的主要途径，是对大学生进行思想政治教育的主渠道、主阵地、主课堂。而实践教学作为高校思政课教学的重要组成部分，是培养大学生创新能力不可或缺的重要环节。实践教学形式的多样化，为同学们的创新思维拓展了各式各样的空间舞台。比如，以学校、学院的社会实践教学基地为依托，大学生在接受课堂教育的同时，走出校门，深入社会、深入基层、深入人民群众之中去感受生活，在实践中成长、锻炼并提高创新意识和创新能力，在社会实践的大课堂中经风雨、见世面、增知识、长才干，在社会实践的奋斗中达到自我教育，可以学到书本上学不到的东西，从而能够增强大学

---

① 《江泽民文选》第3卷，人民出版社，2006年版，第103页。

生的自豪感、责任感和使命感。

因此，高校思政课实践教学是大学生创新能力培养必不可少的环节之一，只有把思政课实践教学环节与创新能力培养有机结合起来，才能更好地为高校大学生服务，才能真正培养具有较高创新水平的人才，才能实现大学生的全面发展。

（四）实践教学提升了大学生的问题意识、创新思维与实践能力

问题意识、创新思维、实践能力是创新必备的三要素。这三要素的获得离不开人们对世界的认识和改造，而认识世界和改造世界的活动，必然离不开社会实践。对大学生而言，思政课理论教学为他们储备了认识和了解世界的理论基础，而要进一步提升自身的问题意识、创新思维、实践能力，自然离不开实践教学。

第一，实践教学是培养问题意识的摇篮。具有问题意识，善于发现问题、探索问题、解决问题，是人类创造历史、推动社会进步不可或缺的智力因素。作为新时代的大学生，“问题意识”应当是必备的基本素质，它反映着大学生的精神状态和思想境界，体现着大学生的思维能力和认知水平。那么，大学生获得发现“问题”、解决“问题”能力的途径在哪里？毋庸置疑，实践教学承担着发现与解决“问题”的双重职责。

原因一，问题的答案从实践中获得。带着问题去寻找答案，是人们解决问题的第一步。同学们在学习理论知识的过程中，遇到疑问和不能解决的问题，需要到实践中去解决，需要去看书、需要查资料、需要去思考。比如，医学生在面对“人从哪里来，人到哪里去？”“人的生老病死，既是医学不可回避的问题，也是哲学的斯芬克司之谜”等论断之时，医学知识可能帮助他们解决人类生老病死的医学问题，但对同时“也是哲学的斯芬克司之谜”的疑惑，需要他们通过实践教学的途径获得“斯芬克司之谜”[①] 的答案。

原因二，问题又来自实践。人们在寻找问题答案的实践过程中，又引发出了新的问题。这种新的问题可以说是人们在寻找以往问题答案时带来的副产品。而这种副产品又推动着人们再一次回到实践教学中去找到问题的答案。比如说我们要了解科学社会主义诞生的问题，就要到马克思、恩格斯的《共产党宣言》中

---

① 所谓“斯芬克司之谜”，是指在古希腊神话中，赫拉派斯芬克司坐在忒拜城附近的悬崖上，拦住过往的行人，用缪斯所传授的谜语问他们，猜不中者就会被它吃掉。这个谜语是：什么动物早晨用四条腿走路，中午用两条腿走路，晚上用三条腿走路？腿最多的时候，也正是他走路最慢、体力最弱的时候。俄狄浦斯猜中了正确答案，谜底是“人”。斯芬克司羞愧万分，跳崖而死。

找答案。当通过认真阅读《共产党宣言》获得了答案的同时，人们又发现了许多新问题：为什么这本书叫作《共产党宣言》？无产阶级与资产阶级的矛盾为什么会成为资本主义社会的主要矛盾？无产阶级为什么会成为资本主义的掘墓人？资本主义为什么必然灭亡，共产主义为什么必然胜利？这些投射到脑海中的一系列新问题又推动着人们返回到社会实践中去寻找新的答案。

问题是创新的源泉。正确地发现问题、提出问题，是理论创新的出发点。在改革开放和推进社会主义现代化建设的伟大历史进程中，我们党带领人民不懈探索，根据建设和发展中国特色社会主义的实践要求，及时提出事关大局、事关长久的重大问题，不断推进理论创新和实践创新，从而形成和发展了中国特色社会主义理论体系这一马克思主义中国化的最新成果。

由上述可知，实践教学是培育问题意识的摇篮。正是实践教学，使同学们从解决问题入手，继而在获得以往问题答案的同时，又不断地发现新问题，进而推动同学们不断地进行实践教学活动。这种从实践教学到实践教学循环往复，不断解决问题、发现问题的过程，逐渐培育着、养成着人们的问题意识。问题意识作为一个哲学命题，它是人们对存在问题的能动性、探索性和前瞻性反映，是面向现实生活世界的反思。马克思曾经说过："问题却是公开的、无所顾忌的、支配一切个人的时代之声。问题是时代的格言，是表现时代自己内心状态的最实际的呼声。"① 毛泽东说得更通俗："问题就是事物的矛盾。哪里有没有解决的矛盾，哪里就有问题。"② 历史无非就是问题的消亡和解决，现实也无非是问题的存在和发展。没有"问题意识"，就不可能发现和提出问题，那么分析和解决问题也就无从谈起。因此，从某种意义上说，"问题意识"更是我们日常工作生活中司空见惯的实践问题。从人类历史发展来看，问题不仅是科学研究的起点，更是实践发展的契机。强烈的问题意识，作为思维的动力，能够促使人们去发现问题、认识问题、分析问题、解决问题。在革命战争年代，毛泽东思想就是正确提出和回答了在半殖民地半封建国家无产阶级如何夺取政权、民族如何独立、人民如何解放等重大问题。在社会主义建设和改革中，邓小平理论回答了"什么是社会主义、怎样建设社会主义"这个根本问题，深刻揭示了社会主义的本质，把对社会主义的认识提高到一个新水平。在中国共产党的建设上，"三个代表"重要思想回答了"建设一个什么样的执政党"和"怎样建设执政党"的问题。在中国特

---

① 《马克思恩格斯全集》第1卷，人民出版社，1995年版，第203页。

② 《毛泽东选集》第3卷，人民出版社，1991年版，第839页。

色社会主义的建设和发展问题上，科学发展观创造性地回答了“为什么发展”“为谁发展”“靠谁发展”和“怎样发展”等一系列重大问题。在中国特色社会主义进入新时代的历史方位上，习近平新时代中国特色社会主义思想深刻回答了新的时代条件下“中国之问”“时代之问”“人民之问”“执政之问”，为解决当代中国前途命运问题提供了科学理论指引。

第二，实践教学产生创新思维。实践教学的舞台是自然界与人类社会。这个舞台给同学们的实践教学提供了奇思妙想的空间，带给大家异于往常的新认识、新答案、新结论。创新思维就是不受现成的常规思路的约束，寻求对问题的全新的、独特性的解答方法的思维过程。实践教学可以通过一系列具体实践活动让学生参与其中，在实践中找到以往困惑问题的答案、获得怀疑知识的检验、确认认识成果的正确与否。在提高认识的同时，同学们可以充分发挥自己的主观能动性，在领略自然界、人类社会无限风光的过程中，去探寻世界的奥秘、发现深藏于社会深处的诸多问题以及认识和解决这些新问题的诸多方法。另外，在实践教学活动中，教师可以在引导学生找出原问题答案的同时，让大家从发散性思维的角度去探索解决问题的不同方法，使他们在解答原问题的实践中学到怎样解决问题、如何迁移问题，从而培养、锻炼同学们的创新思维与创新意识。我们人类社会发展的历史，就是一部创新的历史，就是一部创造性思维实践、创造力发挥的历史。创新思维是创新的前提条件，离开创新思维，人们就会在传统的思维模式下寻求解决问题的思路和方法，就难以创新。

第三，实践教学是实践能力的促成者和检验者。实践是人类自觉活动的一切行为。实践活动推动着人类认识、改造世界，使人类由必然迈向自由，从社会的低级形态走向高级形态。能力是指顺利完成某一活动所必需的主观条件。能力是直接影响活动效率并使活动顺利完成的个性心理特征。一个人的能力总是和人完成一定的实践活动相联系的。人离开了具体实践活动既不能表现能力，也不能发展能力。实践活动在见证了大学生以什么样的能力完成某项工作任务的同时，又帮助大学生在发现和解决新问题的过程中提升了相关能力。同学们在解决问题的实践活动中可能成功，也可能失败。但无论是成功的经验，还是失败的教训，总是会为大家今后的实践活动提供启迪。成功的经验变为真理性的科学理论，失败的教训也成为避免重蹈覆辙的人生记忆。正是这些不断积累的科学理论和人生记忆逐渐地培育着、提升着大家的实践能力，而又是这些不断提高的实践能力，在丰富大学生阅历、促进大学生全面发展的同时，使他们勇敢地担当起社会发展的历史重任，解决着问题、创造着世界。正如《国家中长期教育改革和发展规划纲要（2010—2020 年）》在第二章“战略目标和战略主题”中所提出的：“坚持以人为本、全面实施素质教育是教育改革发展的战略主题，是贯彻党的教育方针的时代要求，其核心是解决好培养什么人、怎样培养人的重大问题，重点是面向全体学生、促进学生全面发展，着力提高学生服务国家服务人民的社会责任感、勇于探索的创新精神和善于解决问题的实践能力。”为此要“优化知识结构，丰富社会实践，强化能力培养。着力提高学生的学习能力、实践能力、创新能力，教育学生学会知识技能，学会动手动脑，学会生存生活，学会做人做事，促进学生主动适应社会，开创美好未来。”

第三节　思政课实践教学方案

为提高学生综合素质、培养大学生创新能力、增强大学生社会责任感，提升高校思政课的针对性和吸引力，安徽医科大学针对思政课实践教学制订了《安徽医科大学本科生思想政治理论课实践教学实施方案（修订）》总体计划和“原理”“概论”“基础”“纲要”等四门思政课的具体实施方案。

一、安徽医科大学本科生思想政治理论课实践教学实施方案（修订）

为深入贯彻落实习近平总书记在全国高校思想政治工作会议上的讲话精神，加强和改进思想政治理论课的教育教学工作，充分发挥思想政治理论课的主渠道作用，提升思想政治理论课的亲和力、针对性和实效性，更好地满足学生成长发展的需求和期待，根据习近平总书记 2019 年 3 月 18 日在学校思想政治理论课教师座谈会上的重要讲话精神及《教育部关于印发〈新时代高校思想政治理论课教学工作基本要求〉的通知》（教社科〔2018〕2 号）、《教育部关于印发〈普通高等学校马克思主义学院建设标准（2019 年本）〉的通知》（教社科函〔2019〕9 号）等文件精神，结合安徽医科大学实际，特制订《安徽医科大学本科生思想政治理论课实践教学实施方案》。本科生思想政治理论课各门具体课程，根据本方案制订各门课程的具体实施方案。

（一）本科生思想政治理论课实践教学的目的和意义

实践教学是思想政治理论课教学的重要组成部分，是提升大学生思想认识水平和分析问题能力的重要环节。实践教学的目的和意义在于：加深学生对马克思主义理论课程教学内容的理解，增强学生对中国特色社会主义理论和党的路线、方针、政策的理解，提高他们运用马克思主义的原理和方法分析问题、理解问题和解决问题的能力；增强学生的国情意识，引导学生客观、辩证地认识国情、了解社会；增强学生对中国革命的道路和现代化建设道路的历史必然性的认识，辩证看待改革开放取得的历史性成就和存在的问题；增强学生的道路自信、理论自信、制度自信和文化自信，增强他们的社会责任感和历史使命感。

（二）本科生思想政治理论课实践教学的组织体系及分工

第一，校思想政治理论课建设工作领导组是思政课实践教学的领导机构，设立本科生思政课实践教学专项工作办公室，挂靠在党委宣传部。办公室主任为党委宣传部负责人，副主任为教务处分管教务管理工作副处长、马克思主义学院分管教学工作副院长，成员为党委宣传部、教务处、学工部、校团委、财务处、后勤管理处、马克思主义学院等相关负责人。

第二，本科生思政课实践教学专项工作办公室为全校本科生思政课实践教学的职能管理部门，负责审批思政课实践教学计划，协调建设学校思政课实践教学基地，审核思政课教师实践教学工作量，下达思政课实践教学的经费指标，检查、督导、协调全校的思政课实践教学活动。

第三，各学院分别成立思政课实践教学工作协同领导小组，学院分管领导任组长，教学职能部门负责人、辅导员、班主任及党团基层组织负责人等为成员。各年级成立协同工作组，思政课授课教师、辅导员担任组长，班主任、党团基层组织负责人等为工作组成员。

第四，马克思主义学院为本科生思政课实践教学的组织实施单位，负责本科生思政课实践教学总方案的制订和落实，并组织本学院各教研室制定本科生思政课各门课程实践教学大纲，检查、督促、指导每学期的实践教学活动、实践教学的经费使用，总结、评价实践教学效果等。

马克思主义学院各相关教研室是本科生思政课实践教学的具体实施单位，教研室主任负总责，支持各任课教师落实实践教学任务。各教研室制定本课程的具体实践教学大纲，联系各学院年级协同工作组，策划每一次具体的实践教学活动，拟定成绩评定的具体标准，总结实践教学成果并整理归档，定期开展实践教学活动的总结交流工作。

实践教学指导教师及时评阅学生的调查报告、观后感、小论文或实践学习的心得体会，并结合学生在整个实践教学活动中的表现，综合评定每个学生的实践教学课程成绩并评选出优秀实践教学课作业。每次实践教学活动结束后，授课教师要组织学生举行总结交流会或报告会（学生谈收获、体会等），并对本次实践活动情况进行总结、评价，写出总结报告备案。

（三）本科生思想政治理论课实践教学的学时安排

思想政治理论课的四门主干课程“马克思主义基本原理概论”“毛泽东思想和中国特色社会主义理论体系概论”“中国近现代史纲要”“思想道德修养与法律基础”均在总课时中划出一定课时作为实践教学课时并列入教学进度表之中，实践教学活动在课堂理论教学之外进行。

各门课程实践教学学时数分配如下：

“马克思主义基本原理概论”：实践教学 7 学时，理论教学 47 学时，总计 54 学时；

“毛泽东思想和中国特色社会主义理论体系概论”：实践教学 15 学时，理论教学 75 学时，总计 90 学时；

“中国近现代史纲要”：实践教学 7 学时，理论教学 47 学时，总计 54 学时。

“思想道德修养与法律基础”：实践教学 7 学时，理论教学 47 学时，总计 54 学时；

（四）本科生思想政治理论课实践教学内容和基本形式

1. 教学内容

由马克思主义学院各教研室根据主干思想政治理论课教学目标，制定本课程的实践教学大纲、教学内容、考核标准和实施手册等。

2. 基本形式

第一，社会调查。要求学生深入社会基层，结合社会热点或专业热点开展社会调查和研究，并根据要求撰写调查报告。

第二，专题讨论。学生通过研读马克思主义和马克思主义中国化的经典原著，听一场相关的学术报告，开展学术研讨，撰写心得体会。

第三，马克思主义哲学思维训练。通过演讲比赛、辩论赛等形式，用马克思主义哲学观点对社会热点、理论难点问题进行解答，就此开展专题训练。

第四，党史教育实践活动。教师组织学生瞻仰革命烈士陵园、参观革命传统教育基地、走访慰问老党员等，并撰写相关报告。

第五，综合统筹各类学生实践活动，将思政课实践教学活动与党委宣传部、校团委等职能部门组织的各项活动高度融合，例如开展“普法教育实践活动”“主题班会”“主题团日”等。

第六，社会实践。思想政治理论课四门主干课都必须组织主题实践活动，一般放在各门课程将要结束的时候，选拔实践教学成绩优异的同学，共同组成主题实践活动团，由任课教师带队，本科生思政课实践教学专项工作办公室和各学院年级协同工作组协同参加。各教研室负责实践主题的确定、实践活动的开展以及实践效果的评价、归档等。

马克思主义学院所属各教研室可以根据教学内容的需要和国内形势的变化，灵活采用和创新实践教学形式，实践教学课时较多的课程实践教学安排形式力求多样。

（五）本科生思想政治理论课实践教学考核

1. 对学院工作考核

学校将各学院本科生思政课实践教学协同落实情况作为各学院年度目标考核的重要指标之一。学工部将辅导员协同落实情况列为年度辅导员、班主任考核的重要指标之一。

2. 对马克思主义学院各教研室的考核

马克思主义学院教学管理办公室负责对各教研室本科生实践教学的考核。根据实践教学成果评定等次，考核结果作为年度教研室评比的重要依据之一。

教研室主任负责实践教学指导教师的考核，根据本门课程实践教学方案的执行情况，侧重过程和成果两方面考核。考核合格以上者，作为工作量发放的标准；考核优秀者，视为年度考核评优依据之一；考核不合格者，年度考核不得评优，实践教学工作量酌减。

3. 对学生的考核

本科生思政课实践教学成绩评定采用百分制，平时表现占30%，成果（论文等）占70%。学生的成绩达到60分及以上为及格，60分以下为不及格，不及格者一律重修实践课程。

学生必须亲自参加实践教学活动，完成各项规定的实践教学任务，杜绝任何形式的抄袭、弄虚作假等行为，如有发现，成绩记为零分，并予以相应的纪律处分。以团队形式参加实践教学活动的学生，第一执笔人的成绩可以获得优秀，其余成员的成绩则不能同时获得优秀。没有调研类实践成果的学生，该门课程成绩不能获得优秀。成绩评定的具体标准参照学生手册相关内容执行。

二、“马克思主义基本原理概论”等四门思想政治理论课实践教学具体实施方案

（一）“马克思主义基本原理概论”实践教学大纲（修订）

课程名称：马克思主义基本原理概论

课程类型：公共基础课

适用专业：全校本科各专业

学时：7学时

“原理”课旨在全面准确阐释马克思主义基本原理，从而帮助大学生正确认识人类社会发展的基本规律，进而树立科学的世界观、人生观和价值观，使学生初步掌握运用马克思主义立场、观点和方法理解、分析和解决问题的能力。

“原理”课实践教学有助于帮助大学生提高学习的积极性，培养读原著的习惯和能力，更好地理解马克思主义基本原理，灵活运用马克思主义的基本方法，全面提升自身的综合素质。

1. 适用专业年级

全校统招本科各专业大二年级学生。

2. 内容与形式

主要有下面3种形式，必选第1项，任选第2、3项中的1项。

（1）读经典，写心得

每名学生选择阅读经典作家的著作文献，重点阅读1～2篇，并写出不少于1000字的读书心得。

具体要求：

① 组织实施：学生自愿分组，小组负责人负责召集成员开会制订阅读计划；授课教师进行小组指导。

② 篇目选择：《关于费尔巴哈的提纲》——马克思；《1844年经济学哲学手稿》——马克思；《资本论》——马克思；《自然辩证法》——恩格斯；《实践论》——毛泽东；《矛盾论》——毛泽东；《哥达纲领批判》——马克思；《路德维希·费尔巴哈和德国古典哲学的终结》——恩格斯；《〈政治经济学批判〉序言》——马克思；《马克思主义的三个来源和三个组成部分》——列宁；《国家与革命》——列宁；《家庭、私有制和国家的起源》——恩格斯；《社会主义从

空想到科学的发展》——恩格斯；《在马克思墓前的讲话》——恩格斯；《共产党宣言》——马克思、恩格斯。

③ 考核评奖：每个授课大班在学期末进行班级成果展示，由授课教师和小组负责人担任评委进行评分，各授课大班各遴选推荐 3 份优秀读后感；由教研室组织年级评比，设置相应奖项，优秀作品推荐至校报。

（2）主题演讲、辩论赛

学生结合“原理”课程内容，根据当前社会的热点、学生的关注点等问题，通过演讲比赛、辩论赛等形式进行专题竞赛。

具体要求：

① 组织实施：以小班为单位进行分组，授课教师选择相关热点问题，引导学生进行演讲或辩论。

演讲形式：每次课前 10 分钟，2 ~3 名同学进行演讲。

辩论形式：3 节课时间，授课老师及各小组组长选拔大班的优秀辩手，组成班级辩论队。

② 考核评奖：教研室开展年级辩论赛，由各授课大班组成辩论队，设置相应奖项。

（3）社会实践

学生运用马克思主义基本原理和基本观点去认识社会、认识自身，进而自觉地以马克思主义基本原理指导人生实践。

具体要求：

① 具体活动：开展理论宣讲、志愿服务、勤工俭学等活动。由学生自主选择参加或者组织一项校园文化活动，可以个人活动，也可以集体活动。

② 开展时间：课外实践。

③ 实践成果形式：撰写报告或活动总结等。

3. 考核要求

过程考核和期末考核相结合。授课教师根据每名学生实践活动参与度和相关读后感等的质量综合评判，以优秀、良好、中等、及格、不及格 5 个等级予以评定成绩，不及格者不能取得学分。

（二）“毛泽东思想和中国特色社会主义理论体系概论”实践教学大纲（修订）

课程名称：毛泽东思想和中国特色社会主义理论体系概论

课程类型：公共基础课

适用专业：全校本科各专业

学时：15 学时

“概论”课以马克思主义中国化为主线，集中阐述马克思主义中国化理论成果的主要内容、精神实质、历史地位和指导意义，充分反映中国共产党不断推进马克思主义基本原理与中国具体实际相结合的历史进程和基本经验；以马克思主义中国化最新成果为重点，全面把握中国特色社会主义进入新时代，系统阐释习近平新时代中国特色社会主义思想的主要内容和历史地位，充分反映建设社会主义现代化强国的战略部署。

“概论”课具有很强的现实性，实践教学是其重要环节。要使大学生在实践教学过程中进一步坚定“四个自信”、做到“两个维护”，认识国情、了解民生，从而对运用马克思主义立场、观点和方法认识问题、分析问题和解决问题能力的提升有更加切实的帮助。

1. 适用专业年级

全校统招本科各专业大二年级学生。

2. 内容与形式

主要有下面 5 种形式，必选第 1 ~ 3 项，任选第 4、5 项中的 1 项。

（1）主题微电影

具体要求：

① 组织实施：学生自愿分组，小组负责人负责召集成员开会制订拍摄计划；授课教师进行小组指导。

② 开展时间：课外实践。

③ 开展内容：紧扣教育部高校思政课教学指导委员会主办的全国高校大学生微电影展示活动主题“我心中的思政课”，以课程相关内容或时事热点为主题。作品长度为 5 ~ 10 分钟短视频。

④ 考核评奖：每个授课大班在学期末进行班级成果展示，由授课教师和小组负责人担任评委进行评分，各授课大班各遴选推荐 1 份优秀微视频；由教研室组织年级评比，设置相应奖项，优秀作品推荐参加省级微电影展示。

（2）社会实践

具体要求：

① 组织实施：由教研室策划校外活动主题和地点（场所主要是安徽医科大学合作实践教学基地）；授课教师负责遴选每个授课大班同学 3 名；以授课大班为单位，各参与同学完成一篇实践教学活动报告。

② 开展时间：课内实践。

③ 参加人员：授课教师、各班遴选同学。

（3）社会调查

具体要求：

① 组织实施：授课教师发布参考选题，每名学生自行选择，由小组或个人开展社会调查（返乡调查以个人调查形式，其他以小组形式，确保每名同学实际参与调查中的各环节），并撰写不少于2000字的调查报告。

② 开展时间：课外实践。

③ 调查方法：访问调查法、书面调查法、网络调查法、典型调查法。

（4）电影观摩

具体要求：

① 组织实施：授课教师将相关视频上传至校内网络教学平台。

② 开展时间：学期末之前，根据个人时间自由安排。

③ 开展内容：部分电影片名为《冲出亚马逊》《大国崛起》《辛亥革命》《世纪大典》《大国外交》等。每名同学观看一部电影并撰写观后感，不少于2000字。

（5）经典文献和中央文件研读

授课教师将相关资料上传至校内网络教学平台或班级群，每名学生选择经典文献或中央文件，重点阅读1~2篇，并写出不少于1000字的读书心得。

具体要求：

① 组织实施：学生自愿分组，小组负责人负责召集成员开会制订阅读计划；授课教师进行小组指导。

② 篇目选择：

部分经典原著书目：《毛泽东选集》《邓小平文选》《江泽民文选》《胡锦涛文选》《习近平谈治国理政》（一、二）和《在纪念马克思诞辰200周年大会上的讲话》。

部分中央文件：每年的中央一号文件，《新时代爱国主义教育实施纲要》《粤港澳大湾区发展规划纲要》《“宽带中国”战略及实施方案》《关于推进医疗卫生与养老服务相结合的指导意见》。

③ 考核评奖：每个授课大班在学期末进行班级成果展示，由授课教师和小组负责人担任评委进行评分，各授课大班各遴选推荐3份优秀读后感；由教研室组织年级评比，设置相应奖项，优秀作品推荐至校报。

3. 考核要求

过程考核和期末考核相结合。授课教师根据每名学生实践活动参与度和相关读后感等的质量综合评判，以优秀、良好、中等、及格、不及格 5 个等级予以评定成绩，不及格者不能取得学分。

（三）“中国近现代史纲要”实践教学大纲（修订）

课程名称：中国近现代史纲要

课程类型：公共基础课

适用专业：全校本科各专业

学时：7 学时

“纲要”课坚持和运用唯物史观，重点揭示 1840 年以来近现代中国社会发展以及革命、建设和改革的历史进程及其内在的规律性，引导学生了解国史、国情，理解历史和人民所做的“四个选择”——历史和人民选择了马克思主义、选择了中国共产党、选择了社会主义道路、选择了改革开放的深刻历史必然性。党的历史，就是坚持把马克思主义基本原理同中国具体实际和时代特征相结合的过程，就是团结带领人民进行艰苦卓绝的斗争，取得革命建设改革等一系列伟大胜利，为实现中华民族伟大复兴而奋斗的过程，就是团结带领人民从站起来、富起来到强起来的伟大飞跃。

要通过实践教学的开展，培养大学生科学地运用历史唯物主义评价历史问题和认知社会发展方向的能力，进而激发大学生的爱国主义情感与历史责任感，以实际行动为中华民族伟大复兴贡献力量。

1. 适用专业年级

全校统招本科各专业大一年级学生。

2. 内容与形式

主要有下面 4 种形式，必选第 1 项，任选第 2 ~4 项中的 1 项。

（1）研读经典文献和观看爱国主义电影

授课教师将相关资料上传至校内网络教学平台或班级群，每名学生自行选择，重点阅读文献 1 ~2 篇和观看 1 ~2 部电影，并写出不少于 2000 字的读书心得。

具体要求：

① 组织实施：学生自愿分组，小组负责人负责召集成员开会制订阅读和观看计划；授课教师进行小组指导。

② 篇目选择：

部分文献篇目：《新青年》《在庆祝中国共产党成立 95 周年大会上的讲话》

《在纪念红军长征胜利80周年大会上的讲话》《在庆祝中国人民解放军建军90周年大会上的讲话》。

部分电影片名：《火烧圆明园》《甲午风云》《开国大典》《小兵张嘎》《上甘岭》《英雄儿女》《建党伟业》《建国大业》《建军大业》《集结号》《重庆谈判》。

③ 考核评奖：每个授课大班在学期末进行班级成果展示，由授课教师和小组负责人担任评委进行评分，各授课大班各遴选推荐3份优秀读后感；由教研室组织年级评比，设置相应奖项，优秀作品推荐至校报。

（2）历史情景剧

具体要求：

① 组织实施：学生自愿分组，小组负责人负责召集成员开会制订实施计划，准备好PPT、道具、场景和旁白等；授课教师进行小组指导。

② 开展时间：课内实践。

③ 部分历史剧推荐：《我的1919》《狼牙山五壮士》《东京审判》《毛岸英》《杨开慧》。

（3）社会实践考察

具体要求：

① 组织实施：采用集中和分散两种形式，在校实践教学基地参观（安徽省博物院、合肥市青龙厂新四军第四支队东进抗日纪念馆、徐州博物馆等），并撰写不少于2000字的调查报告。

② 开展时间：课外实践。

（4）主题演讲

具体要求：

① 组织实施：授课教师根据历史纪念日拟定相关主题，以寝室为单位进行分组。

② 开展时间：课内实践。

3. 考核要求

过程考核和期末考核相结合。授课教师根据每名学生实践活动参与度和相关读后感等的质量综合评判，以优秀、良好、中等、及格、不及格5个等级予以评定成绩，不及格者不能取得学分。

（四）“思想道德修养与法律基础”实践教学大纲（修订）

课程名称：思想道德修养与法律基础

课程类型：公共基础课

适用专业：全校本科各专业

学时：7 学时

“基础”课旨在引导大学生树立正确的世界观、人生观、价值观、道德观和法治观，解决大学生成长过程中面临的思想道德和法律问题，促进大学生德智体美劳全面发展。

“基础”课程的实践教学，立足于加强大学生对道德规范和法律常识的认知，提升大学生自身修养和运用法律知识解决实际问题的能力，培养大学生深厚的爱国主义情感，坚定大学生中国特色社会主义的理想信念。

1. 适用专业年级

全校统招本科各专业大一年级学生。

2. 内容与形式

主要有下面 3 种形式，必选第 1 项，任选第 2、3 项中的 1 项。

（1）主题微电影

具体要求：

① 组织实施：学生自愿分组，小组负责人负责召集成员开会制订拍摄计划；授课教师进行小组指导。

② 开展时间：课外实践。

③ 开展内容：紧紧围绕“培育和践行社会主义核心价值观”主题，主要分为两部分，一是“感动人心”类，弘扬生活中的真善美来激励人们；二是“发人深省”类，通过生活中的不文明现象来警示人们。作品长度为 5 ~ 10 分钟短视频。

④ 考核评奖：每个授课大班在学期末进行班级成果展示，由授课教师和小组负责人担任评委进行评分，各授课大班各遴选推荐 1 份优秀微视频；由教研室组织年级评比，设置相应奖项，优秀作品推荐参加省级微电影展示。

（2）社会调查或社会公益活动

具体要求：

① 组织实施：个人自行和集体统一相结合，确保每名同学实际参与调查或社会公益中的各环节，并撰写不少于 2000 字的调查报告。

② 开展时间：课外实践。

③ 开展内容：

社会调查参考选题：校园文明、社会公德、大学生维权意识、社会责任感、大学生消费状况。

社会公益参考主题：校内反对奢侈消费、节水节电、帮助贫困学生，校外敬老院、孤儿院。

（3）辩论赛

具体要求：

① 组织实施：以小班为单位进行分组，授课教师选择相关热点问题，引导学生进行辩论。

② 开展时间：课内实践。

③ 开展内容：“建设法治社会，更应侧重关键少数还是最大多数”“明星是否有义务成为大众的道德楷模”“追求‘高富帅’和‘白富美’的爱情观是否可取”“逆境还是顺境更有利于人成长”“大学生做兼职利弊谁大”等。

④ 考核评奖：授课教师及各小组组长选拔大班的优秀辩手，组成班级辩论队。教研室开展年级辩论赛，由各授课大班组成辩论队，设置相应奖项。

3. 考核要求

过程考核和期末考核相结合。授课教师根据每名学生实践活动参与度和相关读后感等的质量综合评判，以优秀、良好、中等、及格、不及格 5 个等级予以评定成绩，不及格者不能取得学分。

第二章　实践教学与实践基地建设

高校思政课实践教学的类型主要分为五个层次，即课堂实践教学、校园实践教学、教学基地实践教学、暑期“三下乡”实践教学以及节假日实践教学。本章主要总结和探讨为加强大学生思政课校外实践教学，怎样建设实践教学基地以及如何管理的相关问题。

第一节　实践教学基地建设的重要意义

实践教学的开展，需要有一定数量的实践教学基地为依托。与具有一定代表性和先进性的企业、新农村建设示范村镇、革命先烈纪念馆、博物馆、名人馆等单位共建大学生思政课实践教学基地，对于高校人才培养有着重要的作用。

一、党和国家关于思政课实践教学基地建设的基本要求

思政课实践教学基地是指高校利用学校以外的资源来组织思想政治理论课教学活动的空间或场所。在实践教学基地开展的参观考察、实地调研、劳动锻炼、现场参与、共同研讨等形式的教学活动，是与思政课理论教学活动

相对应的一种教学方式，这种实践教学活动是其他教学形式不可替代的。例如，在故宫博物院、国家博物馆、毛主席纪念堂、中国人民革命军事博物馆、中国人民抗日战争纪念馆等爱国主义教育基地开展的活动，对于提升大学生的整体素质，引导其树立正确的理想、信念、人生观、价值观具有重要的作用。

思政课实践教学基地建设一直是党和国家十分重视的问题。2004 年 10 月，《中共中央国务院关于进一步加强和改进大学生思想政治教育的意见》（中发〔2004〕16 号）下发。2005 年 4 月，《教育部关于印发〈学习贯彻落实中发〔2004〕16 号文件和全国加强和改进大学生思想政治教育工作会议精神的宣讲提纲〉的通知》（教社政〔2005〕10 号）针对高校建立社会实践基地问题明确指出：“要加强社会实践基地建设，本着就近就便的原则，在企业、部队、城市社区、农村乡镇、爱国主义教育基地等，建立相对稳定的大学生社会实践基地。”2008 年 9 月，《中共中央宣传部　教育部关于进一步加强高等学校思想政治理论课教师队伍建设的意见》（教社科〔2008〕5 号）指出，“要探索实践育人的长效机制，提供制度、条件和环境保障，确保不流于形式。各类博物馆、纪念馆、展览馆、烈士陵园等有教育意义的场所，要对开展思想政治理论课实践教学实行免票”。《国家中长期人才发展规划纲要（2010—2020 年）》也指出，要“加强实践培养，依托国家重大科研项目和重大工程、重点学科和重点科研基地、国际学术交流合作项目，建设一批高层次创新型科技人才培养基地”。2009 年，《中共安徽省委教育工委、安徽省教育厅关于进一步加强高等学校思想政治理论课建设的意见》提出了建立和完善实践教学保障机制，探索实践育人的长效机制的具体措施：“选择一批具有一定代表性或典型意义的村镇、社区、企事业单位、爱国主义教育基地等，建立相对稳定的思想政治理论课教学实践基地。”2015 年，教育部出台的《高等学校思想政治理论课建设标准》把实践教学基地建设作为思想政治理论课建设的重要内容，要求把“实践教学纳入教学计划，统筹思想政治理论课各门课的实践教学、落实学分（本科 2 学分，专科 1 学分）、教学内容、指导教师和专项经费。实践教学覆盖全体学生，建立相对稳定的校外实践教学基地”等纳入思政课建设标准评价体系，同时把实践教学规定为学校宣传部、教务处、财务处、学生处、团委、思政课教学科研机构等应尽的责任。2016 年，中共中央国务院《关于加强和改进新形势下高校思想政治工作的意见》（中发〔2016〕31 号）强调，“要强化社会实践育人，提高实践教学比重，组织师生参加社会实践活动，完善科教融合、校企联合等协同育人模式，加强实践教学基地建设”。2019 年 8 月，中共中央办公厅、国务院办公厅印发的《关于深化新时代学校思想政治理论课改革创新的若干意见》进一步指出：“坚持开门办思政课，推动思政课实践教学与学生社会实践活动、志愿服务活动结合，思政小课堂和社会大课堂结合，鼓励党政机关、企事业单位等就近与高校对接，挂牌建立思政课实践教学基地，完善思政课实践教学机制。”

二、提高思政课教学效果，实现“实践教学全覆盖”的重要社会讲坛

实践教学基地建设在高校人才培养过程中有着重要的作用，它不仅可以解决实践教学场所自身的发展问题，而且可以保证实践教学的顺利开展，进而促进高校思政课教学质量的提高。

（一）实践教学基地的教学活动提升了大学生对马克思主义理论的认同感

高校建立一定数量及相对稳定的实践教学基地，对高校人才培养过程发挥着重要的作用。它既为大学生走出课堂、迈向社会、了解现实世界提供了广阔的空间舞台，又成为同学们加深理解课堂理论知识的社会讲台。例如，安医大思政课的教师在“概论”课中讲到“群众路线”“健全人民当家作主制度体系”等理论知识时，为了让同学们真正体会“群众路线，就是一切为了群众，一切依靠群众，从群众中来，到群众中去”，进一步加深了解群众路线、人民当家作主是以毛泽东同志为主要代表的中国共产党人坚持把马克思列宁主义关于人民群众是历史创造者的原理，系统地运用在党的全部活动中所形成的党的根本工作路线，特意在合肥大圩镇“葡萄节”期间组织学生前去参观劳动。大圩镇是安徽医科大学 2008 年与合肥市包河区共建的大学生思政课社会实践教学基地。大圩镇位于巢湖之滨，全镇辖 15 个行政村（社区），面积达 37.92 平方公里（2017 年）。该镇连片葡萄园一望无际，每到葡萄成熟季节，慕名而来的游客都能领略到被誉为华东“吐鲁番”的大圩镇的繁忙景象。该镇党政领导班子以“让农民生活得更幸福”为宗旨，着力做好“现代农业、乡村旅游、生态家园、文明乡村”4 篇文章，带领人民群众艰苦创业，创造了“全国文明村镇”“国家级生态乡镇”“全国农业旅游示范点”等辉煌成就。在了解大圩镇改革开放以来的发展成果的同时，大学生又亲自参加葡萄节的一系列活动，在劳动锻炼的实践活动中，延伸、丰富了思政课课堂理论教学内容，从而使他

们深刻领会到马克思主义中国化理论成果的精髓，增强了对中国特色社会主义的理论认同、情感认同、价值认同，坚定了对社会主义道路的政治认同，更加自觉践行社会主义核心价值观。

（二）实践教学基地是实现大学生“实践教学全覆盖”的重要保障

2015 年，教育部在《高等学校思想政治理论课建设标准》中明确要求，高校要做到“实践教学覆盖全体学生，建立相对稳定的校外实践教学基地”。“实践教学全覆盖”要求的提出，是在肯定以往高校思政课实践教学价值的基础上，对新形势下的思政课实践教学提出的新目标，这是对高校思政课实践教学的更高的期许。因此，不断加强高校思政课实践教学基地开发与建设，是达到“实践教学全覆盖”目标的有效途径和基本保障。《国家中长期教育改革和发展规划纲要（2010—2020 年）》明确指出，要“坚持教育教学与生产劳动、社会实践相结合。开发实践课程和活动课程，增强学生科学实验、生产实习和技能实训的成效”。《国家教育事业发展“十三五”规划》同样强调：“践行知行合一，将实践教学作为深化教学改革的关键环节，丰富实践育人有效载体，广泛开展社会调查、生产劳动、志愿服务、公益活动、科技发明和勤工助学等社会实践活动，深化学生对书本知识的认识。”为此要加强劳动教育，充分发挥劳动综合育人功能，建设一批具有良好示范带动作用的研学旅游基地和目的地；构建学生志愿服务工作体系，把志愿服务纳入社会实践活动课程，组织学生开展志愿服务活动和其他社会实践主题活动，建立学生志愿服务记录档案，把志愿服务纳入学生综合素质评价内容；支持高校广泛开展大学生实践活动，引导大学生走出校门、深入基层，广泛宣传党的方针政策和中国特色社会主义理论，促进学生了解社会、认识国情、增长才干。由上述可知，开发与建立一定数量的思政课实践教学基地，既是大学生参加社会实践活动必不可少的场地，又是保障“实践教学全覆盖”的重要举措。为此，安徽医科大学先后与合肥市包河区大圩镇（2008 年 11 月）、肥西县小井庄（2008 年 12 月）、李鸿章故居与李鸿章享堂（2009 年 3 月）、安徽省博物馆（2009 年 5 月）、安凯汽车股份有限公司（2009 年 6 月）、安徽江淮汽车集团股份有限公司（2010 年 11 月）、青龙厂新四军第四支队东进抗日纪念馆（2011 年 12 月）、安徽医科大学第一附属医院（2012 年 12 月）、六安独山镇（2018 年 7 月）、徐州淮海战役纪念馆（2018 年 12 月）、合肥秋浦书院（2019 年 7 月）等 11 个单位共建了大学生思政课实践教学基地。这些基地的建立，为安徽医科大学“原理”“概论”“纲要”“基础”等课程的实践教学提供了强有力的保障。

三、师生贴近生活、贴近社会、贴近现实，提升创新思维能力的公共舞台

（一）陶冶大学生道德情操和培养分析解决实际问题的能力的重要场所

实践教学基地的建设对于增强学生社会体验，增进学生对国情、民情、社情、人情的了解，丰富学生的感性认识，深化思政课课堂理论学习，提高学生思想道德素质，培养学生创新能力和实践能力，具有不可替代的作用。江泽民同志曾经指出："思想政治教育，在各级各类学校都要摆在重要地位，任何时候都不能放松和削弱。要说素质，思想政治素质是最重要的素质。不断增强学生和群众的爱国主义、集体主义、社会主义思想，是素质教育的灵魂。"① 习近平总书记十分重视和关注青年在基层实践中锻炼成长。他指出，青年要成长为国家栋梁之材，既要读万卷书，又要行万里路，既多读有字之书，也多读无字之书，注重学习人生经验和社会知识。坚持知行合一，在实践中学真知、悟真谛，加强磨炼、增长本领。要重视实践育人，坚持教育同生产劳动和社会实践相结合，广泛开展各类社会实践，让学生在亲身参与中认识国情、了解社会，受教育、长才干。

因此，建立和完善思政课实践教学基地，利用实践基地丰富的教育内容、教育资源对大学生进行生动、具体的爱国主义、集体主义和社会主义教育，道德法制教育，国情和形势政策教育是最直接最有效的方式和途径。积极探索开展思政课实践教学不仅是思政课教学发展的需要，更是培养大学生创新能力和实践能力的需要。《中共中央　国务院关于深化教育改革全面推进素质教育的决定》（中发〔1999〕9号）指出："全面推进素质教育，要面向现代化、面向世界、面向未来，使受教育者坚持学习科学文化与加强思想修养的统一，坚持学习书本知识与投身社会实践的统一，坚持实现自身价值与服务祖国人民的统一，坚持树立远大理想与进行艰苦奋斗的统一。"这是高校思政课教育教学改革和发展的必由之路。因此，要建立和完善高标准、规范化、多功能的思政课教育教学实践基地，广泛开展思政课教育教学实践活动，并通过各种实践教学活动，帮助大学生理解和巩固马克思主义理论，提高综合素质；培养大学生系统地理解和运用马克思主义基本理论、基本原理和基本方法分析和解决实际问题的能力；帮助引导大学生

① 《江泽民文选》第2卷，人民出版社，2006年版，第332页。

形成科学的世界观、人生观、价值观和良好的道德品质。

（二）师生提升社会认知、锻炼成长的公共舞台

马克思主义认识论告诉我们，认识与实践是辩证统一关系。实践教学基地这个大舞台，为师生提供了一个知与行、理论与实际统一起来的场所。实践是人们能动地改造客观世界的活动。它既是师生提升认知、检验自己理论知识的基础和标准，又为人们创新精神和创新能力的培养提供了现实的路径。实践使人们能够更好地融入社会，感触生活。通过参与体验与感悟，可以使大学生增强对社会的认识和理解，提升批判性思维能力，这样不仅锻炼了自己，而且能增强社会责任感，树立为社会发展服务的意识。《中共中央宣传部　教育部关于进一步加强高等学校思想政治理论课教师队伍建设的意见》对高校思政教师参与社会实践活动提出了明确要求，“各地各高校要积极创造条件，组织教师开展社会实践、学习考察和学术交流活动，使教师进一步了解国情，了解世界，开阔视野，丰富教学素材。”进入21世纪以来，高校思政课面临着全球化、市场化、信息化等多重挑战，教育环境和对象有很多新变化。高校思政课教学内容发生改革，教学手段、方法也要有相应变化。这就要求思政课教育方法和方式及时跟上时代的新变化，与时俱进，使课堂教学延续到课外，建立稳定的社会实践基地。在大学阶段，大学生正处于价值观念逐步建立、政治敏锐性渐趋提升、政治参与意识不断增强的过程。社会实践是大学生思想政治教育的重要环节，对于促进大学生了解社会、了解国情，增长才干、奉献社会，锻炼毅力、培养品格、增强社会责任感具有不可替代的作用。教育部强调了社会实践教学在思政课中的重要地位，给出了指导性意见，也指出了目前高校社会实践中普遍存在的不足。为了弥补欠缺，给教师和学生提供更多的实践机会，建立具有鲜明特点以及能体现社会主义革命、建设和改革伟大实践成就的各种类型的长期稳定的社会实践基地成了重要的手段。

第二节　实践教学基地建设的目标与要求

实践教学基地建设是时代和社会发展的必然要求，是高校提升思政课教育教学质量的重要教学环节。因此，加强思政课实践教学基地建设，对于培养社会主义创新型人才具有重要意义。

一、基地建设目标

实践育人是高校思政课实践教学基地建设的总目标。高校思政课实践教学基地建设应以马列主义、毛泽东思想和中国特色社会主义理论体系为指导，认真贯彻习近平新时代中国特色社会主义思想，全面贯彻党的教育方针，遵循大学生成长规律和教育规律，以稳定的实践基地为依托，以建立长效机制为保障，引导大学生在实践中受教育、增知识、长才干、固理想、做贡献，树立正确的世界观、人生观和价值观，努力成长为中国特色社会主义事业的合格建设者和可靠接班人。增强大学生了解现实、适应时代和服务社会的意识和能力，是思政课实践教学的目的和宗旨。建立稳定的社会实践教学基地，开展实践教学活动，则为实现其目的和宗旨提供了重要舞台，也是高校思政课教育教学的重要组成部分。要通过在实践教学基地进行实践教学这一重要环节，使学生能够运用所学理论去认识社会、指导实践，在接触、参与社会主义现代化建设的实践中接受教育、获得锻炼，加深对马克思主义基本理论的理解，增强培养良好道德品质的自觉性，锻炼和提高分析问题、解决问题的能力。

安徽作为一个教育大省，有着十分丰富的思政课教育教学资源，这里既有闻名全国的金寨县革命老区，又有众多诸如安凯汽车股份有限公司、安徽江淮汽车集团股份有限公司、芜湖奇瑞股份有限公司、海螺集团、科大讯飞等国有大中型企业、高新技术企业，还有中国农村改革的发源地——小岗村、中国农村包产到户的发源地——小井庄，新农村建设示范镇——大圩镇，这些单位或村镇都为安徽高校的思政课实践教学提供了优质资源和活动场所。目前，安徽医科大学已经建立了相对稳定、数量充足的思政课校外实践教学基地 11 个。这些基地不仅具有整体性和系统性，而且具有稳定性和灵活性，使学生在基地充分发挥主导参与的作用。2018 年 9 月 10 日，习近平总书记在全国教育大会上的讲话中强调："要把立德树人融入思想道德教育、文化知识教育、社会实践教育各环节，贯穿基础教育、职业教育、高等教育各领域，学科体系、教学体系、教材体系、管理体系要围绕这个目标来设计，教师要围绕这个目标来教，学生要围绕这个目标来学。"①

① 《十九大以来重要文献选编（上）》，中央文献出版社，2019 年版，第 653-654 页。

二、基地选择的要求

思政课是综合性很强的学科，从课程体系来看，它包括“原理”“概论”“纲要”“基础”等必修课程和部分选修课程。实践教学基地建设应依据课程需要和学生总体人数情况，尽量与实践教学需要相吻合。

（一）典型性原则

典型是指同类中最具有代表性的人物或事件。我们这里所说的典型，是指在选择思政课实践教学基地对象时必须凸显具有时代价值的人物或事件的单位或场所。这些单位、场所“要弘扬中华优秀传统文化和革命文化、社会主义先进文化，实施中华文化传承工程，推动中华优秀传统文化融入教育教学，加强革命文化和社会主义先进文化教育，深化中国共产党史、中华人民共和国史、改革开放史和社会主义发展史学习教育，利用我国改革发展的伟大成就、重大历史事件纪念活动、爱国主义教育基地、国家公祭仪式等组织开展主题教育，弘扬以爱国主义为核心的民族精神和以改革创新为核心的时代精神”①。正是依据典型性原则，我们所建立的思政课实践教学基地具有多种形式的典型价值。

一是改革开放的典范。2008 年 12 月，与我们共建大学生思政课实践教学基地的肥西县小井庄，是中国农村包产到户的发源地。小井庄位于安徽省合肥市肥西县山南镇西南，因庄前有一口建于清光绪二年间的水井而得名。小井庄既是中国农村包产到户的发源地，又是“百县千乡宣传文化工程”点，还是省市县新农村示范建设点、安徽省历史文化名村。该村中的小井庄纪念馆获“国家 AAA 级旅游景区”称号。小井庄纪念馆的设计充分体现了“以人为本”的理念，人、自然、环境、建筑和谐、协调。整个村庄按照“改革发祥地，生态农业区，旅游观光点，小康文明村”的发展思路进行规划和建设，根据功能分为旅游、居住、生态农业三大类，划为六大功能区：小井庄纪念馆核心区、小康住宅区、生态农业区、精品绿化区、商业服务区、基本农田保护区。

二是社会主义新农村建设的示范村镇。2008 年 11 月，与我们共建大学生思政课实践教学基地的合肥市包河区大圩镇，是安徽省首批新农村建设示范镇。大圩镇位于安徽省合肥市包河区，东临南淝河，南望巢湖。2017 年，作为全省首

---

① 《中共中央　国务院关于加强和改进新形势下高校思想政治工作的意见》（中发〔2016〕31 号）。

批“新农村建设示范镇”，镇党委、政府按照“生产发展、生活宽裕、乡风文明、村容整洁、管理民主”的总体要求，以结构调整促生产发展，全镇农调面积达到75%以上，形成了万亩蔬菜基地、万亩林果基地和5000亩水生作物基地，农业增加值年均增长18%，个体私营经济年均增长49%，农副产品加工值达到380万元；以农业旅游促农民致富，乡村旅游精彩纷呈，连续6年成功举办“绿色大圩”植树节、菜花节、葡萄节，每年接待游客超过60万人次，农民人均纯收入年均增长15%以上。大圩镇以“都市农业之镇”“镇村旅游之镇”“新农村建设示范镇”为目标，成为社会主义新农村建设的新亮点，先后获得“全国文明村镇”“国家级生态乡镇”“全国农业旅游示范点”等荣誉称号。同时，大圩葡萄也被国家农业农村部评定为“绿色食品A级产品”和“国家农产品地理标志产品”。

三是改革开放的先进企业典型。2009年6月、2010年11月，分别与我们共建大学生思政课实践教学基地的安凯汽车股份有限公司、安徽江淮汽车集团股份有限公司，皆为安徽改革开放过程中取得巨大成功的先进企业。安凯汽车股份有限公司是国家定点生产高、中档大中型豪华客车及客车底盘的大型企业。目前，安凯汽车股份有限公司共有4个客车整车和1个汽车零部件生产基地，是国家创新型试点企业、国家火炬计划重点高新技术企业，拥有国家电动客车整车系统集成工程技术研究中心、国家级博士后科研工作站。

安徽江淮汽车集团股份有限公司（简称江淮汽车或JAC），1997年5月18日成立，其前身是始建于1964年的合肥江淮汽车制造厂。江淮汽车是一家集全系列商用车、乘用车及动力总成等研产销和服务于一体的“先进节能汽车与新能源汽车并举的综合型汽车企业集团”、国家火炬计划重点高新技术企业、国家级创新型企业、中国百强工业企业。2017年6月1日，江淮汽车与大众汽车正式签署合资协议，共同生产新能源汽车。2018年10月25日，安徽江淮汽车集团股份有限公司入选“新华社民族品牌工程”。2018年12月9日，安徽江淮汽车集团股份有限公司获“第五届中国工业大奖”。

四是弘扬中华优秀传统文化的馆所。2009年3月、2009年3月、2009年5月、2019年7月，先后有李鸿章故居、李鸿章享堂、安徽省博物馆（2010年12月更名为安徽博物院）、合肥秋浦书院等单位与我们共建大学生思政课实践教学基地。其中，安徽博物院成立于1956年11月，现为一院两馆运行模式。2013年，安徽博物院入选第七批全国重点文物保护单位。博物院老馆常设展览有“安徽革命史陈列”“安徽古生物陈列”“安徽好人馆”等，新馆常设展览有“安徽文明史陈列”以及“徽州古建筑”“安徽文房四宝”“江淮撷珍”“欧豪年美术馆”等专题。建馆以来，安徽博物院以文物资源为基础，陈列展览为平台，文保科研为推力，宣教服务为保障，跻身国家一级博物馆行列，获评全国爱国主义教育基地、全国古籍重点保护单位、全国科普教育基地、全国首批公共文化设施开展学雷锋志愿服务示范单位等称号。

五是爱国主义教育基地。2009 年 5 月、2011 年 12 月、2018 年 7 月、2018 年 12 月，安徽省博物馆、青龙厂新四军第四支队东进抗日纪念馆、六安独山镇、徐州淮海战役纪念馆等单位先后与我们共建大学生思政课实践教学基地。其中，淮海战役纪念馆位于江苏省徐州市泉山区解放南路 2 号，于 1965 年 11 月建成开放。2003 年 5 月，淮海战役纪念馆进行扩建。2007 年 7 月，新馆建成开放。淮海战役纪念馆占地达 7 万平方米，建筑面积达 2.56 万平方米，半径 25 米、高 28 米的全景画馆位于其中心。馆内陈展面积达 1.2 万平方米，分序言、战前形势、战役实施、人民支前和缅怀英烈等几部分内容，共展出文物、照片、图表近 3000 件，复原场景 9 个，展线 1470 米。全景画《淮海战役》画布长 150 米、高 20 米，以战役 3 个阶段的主战场为创作背景，用写实的艺术手法再现了淮海战役的生动场景。1995 年 1 月，淮海战役纪念馆被民政部公布为“爱国主义教育基地”。2018 年 1 月，淮海战役纪念馆成为首批“全国中小学生研学实践教育基地”。

六是学科专业的先进单位。2012 年 12 月，安徽医科大学第一附属医院与我们共建大学生思政课实践教学基地。安徽医科大学第一附属医院是集医疗、教学、科研、预防、康复、急救为一体的大型综合性教学医院，为国家卫生应急医疗移动救治中心和安徽省紧急医疗救治基地。医院前身为上海东南医学院附属东南医院，创办于 1926 年。1949 年内迁至安徽怀远县，1952 年迁至合肥市。1993 年成为卫生部首批三级甲等医院。医院连续 11 年入围中国最佳医院百强榜，科研学术排名全国 50 位，综合实力稳居安徽前茅。在国家三级公立医院绩效考核中，医院排名全国第 42 位，评价等级 A+。截至 2022 年 1 月，医院共开放床位 4990 张，年度门诊人次 585 万，出院病人次 30.28 万，手术台次 17.52 万。医院拥有卫生部重点实验室 1 个，省部重点实验室 10 个，国家药物临床试验机构 16 个，国家卫健委专科、住院医师培训基地共 42 个，获批 10 个国家临床医学研究分中心和 5 个安徽省临床医学研究中心。

（二）就近性原则

就近性原则是出于两个方面的考虑。

一是为了安全。安全是一切活动的基础，是一切活动的前提，是不可逾越的先决条件。教育部、省教育厅对于学生参加社会实践的安全问题曾三令五申：大学生走出校园、走进社会、感知实事国情，要走好学校教育与社会教育的第一步。在实践过程中务必要树立“预防为主、安全第一”的观念，将安全意识牢固树立在心间。为了安全起见，我们建设基地时首先强调就近原则。我们尽量使大学生每次去社会实践教学基地的路程短、时间少，这样就增强了安全性。因此，在我们所建的11个教学基地中，仅有徐州淮海战役纪念馆、六安独山镇基地远些，其余9个教学基地都可以在半日内回到学校。

二是课程安排的因素。学生课程多、教学安排比较密集，每门课的授课时间在3课时左右。思政课安排走出校门的实践教学多为半天时间。鉴于此，我们签订协议的实践教学基地充分以就近性为原则。

（三）互利性原则

我们与每个单位签订的共建大学生思政课社会实践教学基地的协议都包含互惠互利的款项：“二、甲方作为安徽医科大学的大学生思想政治理论课社会实践教学基地，愿为乙方大学生社会实践提供便利条件，负责接受和安排学生到基地进行参观、考察、调研、政策宣讲等相关社会实践活动，为顺利进行实践活动提供必要的条件、帮助和指导。三、甲方对社会实践过程进行管理和要求，加强对学生遵守规章制度、团队合作意识、文明礼仪素质的教育，注意对学生进行思想政治、劳动纪律、职业道德等方面的教育，并对学生进行思想教育和成才教育。四、乙方根据教学要求组织学生社会实践服务团到甲方参加社会实践活动，并根据甲方的情况，在选派大学生到甲方开展社会实践活动的同时，开展相应的志愿服务。五、乙方负责对学生配备指导教师，做好社会实践的组织教育工作。六、乙方在社会实践结束后，组织学生进行总结、交流，积极做好相关活动的宣传工作，积极向校内、校外媒体投稿报道，扩大影响。七、甲乙双方要本着互相支持、密切合作、互惠互利的原则，不断拓宽基地建设的合作领域和内容。”

第三节　实践教学基地建设的构想与类型

实践教学基地是利用学校课堂以外的资源，组织学生进行思政课教学活动的平台或场所。这种教学活动主要采取校园以外的实地参观、社会调研、现场参与、时政宣讲、志愿服务等形式。而要做到这些，必须建设一批与之相适应的实践教学基地。

一、实践教学基地的分类构想

（一）建成与思政课课程体系相关联的教学基地

课程体系涉及哲学、政治、经济、法律、历史等很多领域，要结合各门课程的教学内容和教学特点，建成思政课不同的实践教学基地。因此，建立实践教学基地的地方单位的选择应具有代表性与典型性，如历史与革命传统教育基地、爱国主义教育基地、道德与法制实践基地、社会主义新农村建设实践基地、国有企业改革实践基地等。我们力争每门思政课都建有几个相对固定的实践教学基地，以确保实践教学活动顺利实施。

（二）建成与学生的思想成长密切相关的教学基地

高校思政课实践教学基地的建设与一般的专业课实习基地、实验基地的建设不同。这些基地的建设必须具有以下特征和功能。

一是建设的实践教学基地能够触及学生的心灵，从而提升大学生的思想道德修养。这些基地应该既有正面的教育场所，又有反面的惨痛教训。如 2009 年建立的李鸿章故居、李鸿章享堂等实践教学基地就是基于这方面的考虑。再如，安徽省博物馆作为我们的实践教学基地，则是出于弥补大学生对人杰地灵的安徽认知上的不足。

二是建设的实践教学基地能够有利于学生创新思维的培养。思政课实践教学基地建设要与时代同步，让大学生通过这一教学活动，不断提升自己的问题意识与创新思维，从而凸显出思政课的生机和活力。

首先，让学生到基地开展社会调查，拓宽视野，培养其认识社会和分析、解决问题的能力。大学生不仅要具备合理的知识结构、良好的基本技能，还要具备融入社会的基本能力，如良好的人际交往与沟通能力、健全的人格和良好的心理素质等。社会调查作为一种重要的研究方法和工具，为大学生认识社会、训练能力、提高素质提供了一种有效的途径。它能够加强大学生对国情、民情尤其是对实践的了解，培养运用理论和知识发现问题、分析问题、解决问题的基本能力与创新思维，培养和训练大学生认识社会和观察社会的能力。

其次，让学生到基地参加生产劳动、体验农村生活，提升实践技能，培养其全面发展的能力。让大学生到基地参加生产劳动，是我们与有关单位签订的共建大学生思政课社会实践教学基地的协议内容之一。例如，我们在 2008 年根据大圩镇的要求，在其举办菜花节、葡萄节等文化节日期间，派学生到大圩镇参加生产劳动。这些社会实践活动，既为基地提供了相应的志愿服务和智力支持，同时又使大学生体验到了农民建设社会主义新农村的艰辛，增强了情感意识，从而培养其德智体美劳全面发展的能力。

再次，让学生撰写自己参加基地建设、生产劳动、社会调研等活动的心得、报告、论文，培养其创新意识与能力。大学生通过在实践教学基地学习、考察、锻炼，进一步加强对我国改革开放40多年来企业发展和社会主义新农村建设的了解和认识，从而开阔视野、训练思维、提高分析社会现象和解决社会问题的能力，在与广大工农群众的接触、了解、沟通中长知识、增才干，以切实增强创新能力。

（三）建成与本地区红色文化资源相联系的教学实践基地

红色文化是革命战争年代由中国共产党人、先进分子和人民群众共同创造并极具中国特色的先进文化，蕴含着丰富的革命精神和厚重的历史文化内涵。红色文化是一种重要资源，包括物质文化和非物质文化。对大学生进行红色文化教育有助于大学生坚定中国特色社会主义道路自信和增进爱国主义情感，有助于帮助大学生树立正确的世界观、人生观和价值观，有利于培养大学生的创新精神和艰苦奋斗精神。安徽的红色文化资源禀赋厚重，有名垂党史、影响重大的“人”和“事”，有数量众多、内涵深厚的“物”，有历久弥新、影响深远的“魂”。为此，我们于2011年12月建立了青龙厂新四军第四支队东进抗日纪念馆基地。新四军第四支队东进抗日纪念馆是合肥市爱国主义教育基地之一，是合肥市目前唯一的抗日纪念馆。纪念园内建有原新四军第四支队司令员高敬亭纪念林、叶挺军长住室陈列室及新四军群雕像，收藏有丰富的展示新四军第四支队光辉历史的图片、实物以及老一辈革命家的题词。2018年7月，我们又建立了六安独山镇基地。独山镇坐落于大别山北麓、西淠河之滨，是一块集红色、古色、绿色、蓝色于一身，汇古老韵味与年轻活力于一体的多彩土地。独山是全国重点镇、第一批中国特色小镇、安徽省历史文化名镇，也是“安徽省第三批红色旅游乡镇”“安徽省爱国主义教育基地”。独山有9处革命旧址群，有邓小平同志亲笔题字的六霍起义纪念塔，是国务院公布的首批全国30条“红色旅游精品线路”之一，素有“一镇十六将，独秀大别山”的美称，被誉为“中国第一将军镇”。

安徽具有丰富的地域红色文化，爱国主义教育基地众多，可充分利用渡江战役纪念馆、安徽名人馆等特色文化场所，建设一批与“纲要”课程密切结合的各具特色的实践教学基地。深化校地合作，共建安徽红色文化实践教学基地，基地与高校之间建立互通互联机制，高校要在思想上高度重视，物质上提供资金保障，设立实践教学建设专项经费，实现高校与基地间密切沟通交流；坚持引进来与走出去相结合，定期邀请实践教学基地的专家来学校宣传安徽红色文化，讲红色故事、赞红色人物，增强学生对安徽红色文化的认同感；同时，在教学基地举办以“安徽红色文化”为主题的演讲比赛、红歌比赛等活动，融情于景，增强感染力，让学生在实景体验中感受红色文化的独特魅力，在情感共鸣中弘扬红色文化。

二、实践教学基地的类型

实践教学基地作为高校思政课教学活动的主要场所，是见证知与行相统一的有效途径。学生通过具体的实践教学活动能够内化、吸收课堂上所学的理论知识，同时也能把实践中发现的疑点难点问题带回课堂进行理论探讨，实现理论与实践的紧密结合。由于“原理”“概论”“纲要”“基础”等4门思政课内容丰富，涉及哲学、政治、经济、法律、历史等多个领域，因此实践教学基地的开发与建设数量既要能满足4门思政课的实践教学需要，同时也要考虑到基地建设类型的多样化，即“高校要主动与城市社区、农村乡镇、爱国主义教育基地、企事业单位、部队、社会服务机构等联系，本着合作共建、双向受益的原则，从地方建设发展的实际需求和大学生锻炼成长的需要出发，建立多种形式的社会实践基地，力争每个学校、每个院系、每个专业都有相对固定的基地，长期坚持，使学生受锻炼，当地见效益”①。

与传统的科学实验的实践教学基地不同，思政课实践教学基地有着自己的特殊性。科学实验是“人与自然的对话”，它所探索了解的问题一般与自然规律相关，而思政课实践则是“人与人的对话”，抑或是“人与人化的自然的对话”，其复杂性远远超过了探索自然的活动。因此，思政课实践教学基地的建设，主要依据“原理”“概论”“纲要”“基础”等课程所涉及的教育教学的内容而考虑所要建设的基地类型。

（一）认知性实践教学基地

认知性实践教学基地主要是为深化和巩固学生认知而开设的获取知识教育教

---

① 中宣部、中央文明办、教育部、共青团中央《关于进一步加强和改进大学生社会实践的意见》（中青联发〔2005〕3号）。

学活动的空间场所。在这些实践教学基地，大学生可以开展参观、访问、展览、宣讲、咨询等活动。安徽医科大学先后建立的肥西小井庄、安徽江淮汽车集团股份有限公司、安凯汽车股份有限公司、安徽博物馆、李鸿章故居、秋浦书院等思政课实践教学基地皆属于此类基地。

在安徽江淮汽车集团股份有限公司实践教学基地，安徽医科大学思政课教师结合“原理”课程改革开放的内容，组织2006级医事法学专业学生开展的“科学发展与江淮汽车厂的变化发展”主题实践活动即为一次进一步了解我国改革开放的认知性活动。同学们听取了企业文化部李部长以“在变化中不断超越”为题、对江淮汽车集团发展变化所作的精彩介绍，参观了商务车一线生产组装线。通过基地教学活动，同学们增强了对我国改革开放以来工厂、企业快速发展的深刻认识，学到了许多课堂上和书本里学不到的知识。

在讲授“洋务运动的兴衰”时，为了增强大学生对本部分内容的感性认识，“纲要”课授课教师带领同学们参观了李鸿章故居。大量的珍贵图片与实物展示了李鸿章风云变幻的一生，即“少年科举，壮年戎马，中年封疆，晚年洋务”，多层次多角度地揭示了作为军事家、实业家、外交家的李鸿章这样一位极具争议性和传奇性的人物；淮系阵容、洋务新政、西学东渐、抵御外侮等影视图片，向人们昭示了淮系集团对近代军事、经济、文化以及国防所做出的重大贡献。

在讲授“坚定文化自信，建设社会主义文化强国”时，为了教育引导大学生深刻理解中华优秀传统文化中“讲仁爱、重民本、守诚信、崇正义、尚和合、求大同”的思想精华和时代价值，“概论”课授课教师带领同学们参观了思政课实践教学基地——合肥秋浦书院，了解该书院“尊生存道，法天贵真”的办院宗旨，效法先贤“为天地立心，为生民立命，为往圣继绝学，为万世开太平”理念，坚持“正其义不谋其利，明其道不计其功”的书院精神以及“独与天地精神往来，而不傲倪于万物”的书院院训，使大家进一步感受到了中华优秀传统文化的传承和发扬光大的重大意义。

（二）行为养成性实践教学基地

行为是一种受思想支配而表现出来的外表活动。它是在一定的物质条件下，不同的个人或群体，在社会文化制度、个人价值观念的影响下，在生活中表现出来的基本特征。良好素养的形成是一个持续、渐进、积累的过程，是通过每一件事、每一项活动、每一节课等社会实践的长期熏陶形成的。英国著名教育家萨克雷指出：播种一种行为，收获一种习惯；播种一种习惯，收获一种性格；播种一种性格，收获一种命运。这一育人哲理道出了培养行为习惯的重要性。大学生良好行为习惯正处在形成之中，可塑性和可变性强，因此行为养成性的因素是我们建设思政课实践教学基地的出发点之一。

行为养成性实践教学基地，主要是在基地开展行为养成教育活动，即根据思政课教育教学目的要求、培养学生养成良好的思想道德行为习惯的实践活动，如开展学雷锋月活动、义务宣传服务活动、青年志愿者活动等。我们先后建立的合肥市大圩镇、青龙厂新四军第四支队东进抗日纪念馆、安徽医科大学第一附属医院、独山镇爱国主义教育基地、合肥秋浦书院等基地即为重要的行为养成性实践教学基地。

2016 年 3 月 5 日，“概论”教研室与安徽医科大学开展的“学习雷锋在行动”活动相结合，以“弘扬志愿精神，践行社会主义核心价值观”为主题，组织法学专业的学生到肥西山南镇小井庄实践教学基地开展“全面依法治国”的义务宣教活动。通过悬挂横幅、走访、发放宣传资料等形式，同学们以通俗易懂的语言向群众宣传并讲解了依法治国是中国共产党领导全国各族人民治理国家的基本方略，是发展社会主义市场经济的客观需要，是建设中国特色社会主义文化的重要条件，是国家长治久安的重要保障；同时，重点宣讲了依法治国与社会主义新农村建设的意义。此次义务宣讲活动既进一步提高了基层群众的法律信仰和意识，又使大学生通过社会实践活动环节，真正认识到只有投身实践、深入群众、为社会服务、个人融入群体，才能更好更快地成长起来，从而成为有思想、有觉悟、有道德、有文化、有能力、有担当的社会主义合格建设者和可靠接班人。

为使大学生“坚定理想信念”“弘扬中国精神”“发扬红军精神”，成为社会主义核心价值观的践行者，“基础”“纲要”课的教师于 2018 年 10 月 26 日组织部分同学前往独山镇爱国主义教育基地参观学习。活动中，师生认真参观了六霍起义纪念馆、独山革命旧址群、六霍起义纪念塔。大家对革命时期军民浴血奋战、顽强拼搏的精神感到由衷敬佩，并表示在以后的学习、工作中发扬红军精神和爱国主义精神，脚踏实地履行自己应尽的义务和职责。

（三）综合性实践教学基地

综合性实践教学基地的主要功能就是提供培养知、情、意、行多方面功能的实践，它既可以巩固、深化学生的认知，培养道德情感，提高分析判断能力，又可以磨炼学生的意志，促进道德行为。

2008 年以来，我们与合肥市大圩镇、肥西小井庄、安徽江淮汽车集团股份有限公司、安凯汽车股份有限公司等单位共建的思政课实践教学基地就是综合性的实践教学基地。

在大圩镇基地，我们相继开展了“新农村合作医疗法律咨询”“改革开放三十周年图片展”“问卷调查：新农村合作医疗状况”“青年大学生参加大圩镇葡萄节义务劳动”等多种形式的实践教学活动。此外，马克思主义理论教育系党支部曾先后多次组织该支部教师党员、研究生党员、研究生入党积极分子及部分本科生党员在该基地开展以“和谐新农村，实践大课堂”“学雷锋、树新风”“不忘初心、牢记使命”为主题的党日活动。每次实践活动都受到了镇党委的热情接待。镇党委的领导曾在会议室作题为“自然、和谐的农民家园，美丽、宜人的城市乐园”的报告，向大家声情并茂地介绍了改革开放40多年来，特别是党中央提出进行新农村建设以来，大圩镇努力克服自身不利的自然条件，积极转变发展观念，创新发展途径，终于取得重大发展成就的历程。每次的实践活动都是一堂生动的党课，它对于坚定我们共产党人的共产主义理想和信念，继承和发扬党的优良传统，保持党员的先进性，发挥党员的模范带头作用无不起到了积极的作用。

在肥西小井庄基地，“原理”课授课教师结合教学内容，组织临床医学院2008级部分学生参观了中国农村包产到户纪念馆，认真听取讲解员和当地干部的解说，仔细观看展出的图片和实物，并向广大农户分发了农村春季疾病预防知识宣传材料。本次活动的开展，使学生对安徽农村改革开放以来的发展变化和安徽新农村的建设成就有了直接的感受，增强了学生对现行农村政策的认同感和对我国农村发展前景的信心。

社会实践是大学生自我教育的好平台，是检验理论知识是否具有真理性的正确途径，是明晰理想与现实差异的见证所，是成长成才、磨炼意志与毅力的大熔炉，是增强动手能力和实践技能的实验场，是提升问题意识与创新思维的大课堂，是培养社会主义合格建设者和可靠接班人的大舞台。

第四节　实践教学基地建设的开发与管理

实践教学基地是高校思政课课堂教学的延伸，是大学生“贴近实际、贴近生活、贴近群众”的载体平台。它既有助于提高教学水平和人才培养的质量，使师生进一步了解国情、省情、社情、民情，又有助于大学生解决问题能力和创新思维能力的提高。因此，重视实践教学基地的开发，加强实践教学基地的建设与管理，是思政课教育教学改革和推进大学生思想政治教育不可或缺的重要环节。

一、签订实践教学基地协议书

协议书是指国家、政党、企业、团体或个人就某个问题经过谈判或共同协商，取得一致意见后，订立的一种具有经济或其他关系的契约性文书。这里所说的协议书，是指安徽医科大学为了进一步加强思政课社会实践教学，探索实践育人的长效机制，引导大学生走出校门，到基层去，到工农群众中去，提高大学生思想政治素质和观察分析社会现象的能力，深化教育教学的效果，与城市社区、农村乡镇、工矿企业、爱国主义教育基地、红色文化资源地区等单位或相关地区共建大学生思政课实践教学基地签订的协议。

自2008年以来，安徽医科大学先后与合肥大圩镇、肥西小井庄、安凯汽车股份有限公司、徐州淮海战役纪念馆等11个单位签订了共建大学生思政课实践教学基地协议书。这里选取部分实践教学基地协议签字的情况简要作一介绍。

（一）合肥大圩镇共建大学生思政课社会实践教学基地协议书签订仪式

为贯彻落实《中共中央　国务院关于进一步加强和改进大学生思想政治教育的意见》《中共中央宣传部　教育部关于进一步加强和改进高等学校思想政治理论课的意见》的精神，深化思政课实践教学，让学生到基地开展调研、志愿者服务等活动，了解社情民意，拓宽视野，培养其认识社会和分析、解决问题的能力，安徽医科大学将第一个大学生思政课社会实践教学基地建在社会主义新农村建设的先进示范单位——大圩镇。2008年11月26日，有关双方签署《共建大学生思想政治理论课社会实践基地协议书》并举行了隆重的挂牌仪式。签约揭牌仪式由大圩镇党委刘副书记主持，安徽医科大学党委刘副书记代表安徽医科大学出席签约揭牌仪式并讲话，包河区政府吴副区长、大圩镇钱镇长代表区、镇讲话并致辞。

安徽医科大学党委刘副书记在讲话中指出，把大圩作为安徽医科大学思政课实践教学基地，是实现资源共享、优势互补、积极探索大学生社会实践的长效机制的重要途径。我们要充分发挥“大圩实践教学基地”的育人作用，建设好第二课堂，让社会实践作为思政课教学的重要延伸，使其成为理想信念教育的大熔炉、施展专业知识技能的大舞台、加强就业指导的大课堂。要通过实践教学活动，使学生把课堂所学理论知识与社会现实联系起来；通过参观体验、社会调查等实践活动，在实践中深化对马克思主义理论的认识，在实践中培养能力、提升素质、坚定理想信念，逐步成长为有理想、有本领、有担当的时代新人。安徽医科大学愿与大圩携手同心，共同建设好这块基地，为中国特色社会主义现代化事业培养合格人才、优秀人才、创新人才作出应有的贡献！

（二）肥西县山南镇小井庄共建大学生思政课社会实践教学基地协议书签字仪式

2008 年 12 月 29 日下午，安徽医科大学思政课社会实践教学基地签约暨揭牌仪式在中国农村改革的发源地之一——肥西县山南镇小井庄举行。安徽医科大学党委刘副书记出席仪式并致辞，校关工委张主任为社会实践基地揭牌。

刘副书记在致辞中指出，把小井庄作为安徽医科大学大学生思政课社会实践基地，是安徽医科大学贯彻落实《中共中央宣传部　教育部关于进一步加强和改进高等学校思想政治理论课的意见》的精神，进一步加强社会实践教学环节、深化教育教学效果的积极举措，是积极探索大学生社会实践长效机制的重要途径。他说，2008 年是改革开放 30 周年，小井庄是改革开放 30 年成果宣传的重要阵地。我们要充分发挥“小井庄实践教学基地”的育人作用，帮助学生树立建设中国特色社会主义的理想，坚定爱党爱国的信念，锤炼奋斗奉献的品德，努力培养素质全面的青年人才。

（三）安徽省博物馆共建大学生思政课社会实践教学基地协议书签字仪式

为加强大学生思想政治教育与人文素质教育，开拓多渠道的育人途径，实现科学发展、造就良医的目标，安徽医科大学人文社会科学学院积极谋划，建设大学生思政课社会实践教学基地。2009 年 5 月 26 日下午，人文社会科学学院与安徽省博物馆共建大学生思政课社会实践教学基地揭牌仪式在该馆举行。

会上，双方首先介绍了各自的基本情况。随后，双方围绕共创实践教学基地、学生参观及志愿者服务等方面进行了深入的交流。通过共建实践教学基地，安徽医科大学师生可充分利用安徽博物馆丰富的馆藏资源，开展形式多样的教学实践活动，丰富了教学内容。

人文学院院长与省博物馆馆长共同为实践基地揭牌并代表双方单位签订了共建大学生思政课社会实践教学基地协议。

（四）安凯汽车股份有限公司共建大学生思政课社会实践教学基地协议书签字仪式

2009年6月9日下午，安徽医科大学与安凯汽车股份有限公司共建大学生思政课社会实践教学基地签约暨挂牌仪式在安凯汽车股份有限公司举行。学校党委刘副书记与安凯汽车股份有限公司党委汪副书记共同为实践基地揭牌。人文学院党总支书记与安凯汽车股份有限公司企业管理部部长签订了协议书。

刘副书记首先感谢安凯汽车股份有限公司为建好实践教学基地所作的努力。他指出，建好大学生思政课社会实践教学基地是安徽医科大学学习实践科学发展观的重要成果，安凯汽车股份有限公司向大学生展示的不仅仅是一流的生产技术，更主要的是安凯独特的企业文化、管理理念，将给予大学生深层次的教育和启发。安徽医科大学秉承“兴国、奉献、仁爱”的办学传统，通过与安凯合作，将更有利于坚定大学生爱党爱国爱人民的信念，磨炼他们敢于拼搏、乐于奉献的品格。

安凯汽车股份有限公司汪副书记介绍了安凯汽车股份有限公司发展情况，表示实现校企合作是安凯履行社会责任的重要内容，安凯汽车股份有限公司将竭尽所能地建好思政课实践教学基地，为大学生提供良好的实践教学环境。

（五）青龙厂新四军第四支队东进抗日纪念馆共建大学生思政课社会实践教学基地协议书签字仪式

2011年12月9日下午，安徽医科大学思政课社会实践教学基地签约暨挂牌仪式在肥东青龙厂新四军第四支队东进抗日纪念馆举行，学校党委刘副书记出席仪式并讲话。

刘副书记指出，青龙厂新四军第四支队东进抗日纪念馆的红色资源，是社会主义核心价值体系的重要精神源泉，安徽医科大学广大师生一定能不断从中得到教益，受到启迪，获得力量。今天的挂牌仪式，开启了双方合作之门，我们应当以更加长远的眼光、更加开放的胸怀，拓展思路，创新机制，深化合作，共同谱写实践教学的新篇章。在此，我提两点建议：一是和衷共济，共谋发展。合肥市新四军研究会对保护、开发地方红色资源做了长期、卓有成效的工作，积累了宝贵的经验。安徽医科大学有一支政治强、业务精、作风正的人文社会科学研究队伍。我们要建立开放、灵活的人才配置机制，聘请研究会的领导干部和专家学者开设专题讲座，对大学生进行中国革命传统教育。安徽医科大学的相关人员，应发挥自身的专业和学科优势，力求通过参观文物、学术研讨、红色旅游等形式，将青龙厂新四军第四支队东进抗日纪念馆打造成集教学、科研与服务于一体的大学生实践教学基地。二是实践育人，务求实效。我们要以建立基地为契机，建立健全实践教学的保障机制，进一步完善实践教学制度。根据实践教学计划和医学生的特点，挖掘教育教学资源，将课内教学与基地教学有机衔接起来，认真组织实践教学活动，充分发挥红色资源的资政育人功能；共同探索实践育人的长效机制，努力使实践教学的内容科学化、形式多样化、手段现代化，不断提高实践教学的吸引力和感染力，切实增强实践教学的针对性和实效性。

二、思政课实践教学基地的开发与建设

（一）开发校外地方独特的教育资源

思政课是党和国家路线方针政策宣传的重要阵地，是培养大学生坚定共产主义远大理想和中国特色社会主义共同理想的主渠道。因此，我们开发建设的思政课实践教学基地主要有以下特色。

一是开发周边的爱国主义教育实践教学基地，如青龙厂新四军第四支队东进抗日纪念馆、六安独山镇、安徽博物馆等红色文化资源、革命纪念馆、博物馆等。爱国主义教育实践教学基地为大学生提供了鲜活的教育资源，使他们了解到课堂教学中听不着的事例、看不到的画面，掌握了课堂上学不到的知识与能力，进一步拓展延伸了思政课教育教学的作用。

二是建立一批能够帮助医学生成长成才的实践教学基地。这些单位既包括安徽江淮汽车集团股份有限公司、安凯汽车股份有限公司、安徽医科大学第一附属医院等企业、医院，也包括大圩镇、小井庄、秋浦书院等村镇、学校、机构。我们利用这些实践教学基地，开展一系列主题鲜明、具有针对性的实践教学活动，使大学生在考察、认知、服务中受教育、增知识、长才干、作贡献。

三是建立一批先进典型的实践教学基地，如反映当地改革开放成就的社会主义新农村——小井庄基地，让人回望革命岁月、感受党的光辉历史的徐州淮海战役纪念馆基地，有助于同学们不忘历史、了解洋务运动与晚清名臣的李鸿章故居。这些思政课实践教学基地，让大学生真切感受到思政课实践教学的教育价值，为培养全面发展的人才起到了应有的作用。

（二）制订可行的基地实践教学方案

为贯彻落实相关要求，充分提升思政课的亲和力、针对性和实效性，安徽医科大学制订了本科生思政课实践教学实施方案。这一方案既是“原理”“概论”

“纲要”“基础”等4门思政课实现“课堂实践、校园实践、基地实践、‘三下乡’实践、节假日实践”的实践教学全覆盖的具体要求，又是指导思政课实践教学基地开展实践活动的依据与遵循。因此，安徽医科大学针对医学生的思想和认知特点，在基地实践教学中探索制订了行之有效的教学方案。

首先是确立实践活动主题。活动主题是指在集体性活动中以一个主题为线索，围绕主题进行活动与交流。主题是基地实践教学活动的焦点，是各种延伸活动的中心，因此必须达到两个基本前提：一是活动主题必须与4门思政课理论教学内容相一致，二是思政课实践教学基地能够满足同学们的实践教学目标的要求。例如，“概论”课在安凯汽车股份有限公司开展的以“科学发展与改革开放”为主题的实践活动；“基础”课在安徽医科大学第一附属医院开展的以“立德树人、造就良医”为主题的实践活动；“原理”课在合肥市大圩镇开展的以“和谐新农村、实践大课堂”为主题的党日活动；“纲要”课在六安独山镇开展的以“放飞梦想、传承红色基因”为主题的实践教学活动。

其次是明确实践活动的目的与要求。实践方案让同学们清楚开展实践活动，用学习的理论知识进行社会实践活动是每个大学生必修的一门课程。开展实践活动能够引导学生增强责任感和使命感，树立正确的世界观、人生观、价值观，提高学生的综合素质，同时又是促进青年学生在理论和实践相结合的过程中接触社会、了解社会、服务社会，培养创新精神、实践能力和增长才干的重要途径。要让同学们知晓，通过实践活动获得了什么、是否达到了初始的目的，它带给大家的价值意义所在。

再次是做好实践活动的总结与交流。在实践活动结束后，要及时对每次实践活动进行总结。同学们根据实践活动事先的安排与要求，分别以调研报告、参观见闻、宣讲收获、志愿者服务感受等成果形式加以展示，并将这些成果在班级进行交流。

（三）履行基地建设协议款项

作为实践教学基地的甲方和作为安徽医科大学的乙方，共同遵守《共建大学生思想政治理论课社会实践基地协议书》是建设好基地的前提。如我们与合肥市大圩镇共建社会实践教学基地协议的条款主要包括：“甲方作为安徽医科大学的大学生思想政治理论课社会实践教学基地，愿为乙方大学生社会实践提供便利条件，负责接受和安排学生到基地进行参观、考察、调研、政策宣讲等相关社会实践活动，为顺利进行实践活动提供必要的条件、帮助和指导。”“甲方对社会实践过程进行管理和要求，加强对学生遵守规章制度、团队合作意识、文明礼仪素质的教育，注意对学生进行思想政治、劳动纪律、职业道德等方面的教育，并对学生进行思想教育和成才教育。”“乙方根据教学要求组织学生社会实践服务团到甲方参加社会实践活动。乙方考虑到甲方的正常生产、教育、工作等情况，选派大学生到甲方开展社会实践活动。在举办菜花节、葡萄节等文化节日期间，根据甲方的要求，乙方将向甲方提供相应的志愿服务和智力支持。”“乙方负责对学生配备指导教师，做好社会实践的组织教育工作。”“乙方在社会实践结束后，组织学生进行总结、交流，积极做好相关活动的宣传工作，积极向校内、校外媒体投稿报道，扩大影响。”“甲乙双方要本着互相支持、密切合作、互惠互利的原则，不断拓宽基地建设的合作领域和内容。”正是基于对协议的共识与遵守，甲乙双方在基地的建设与维护方面作出了积极努力，安徽医科大学的11个思政课实践教学基地为大学生实践活动提供了“贴近实际、贴近生活、贴近群众”的育人平台。同时，甲乙双方在实践教学基地的使用规划、开发利用、经费投入等方面做到了共同协商、相互受益。

三、实践教学基地管理机制

实践教学基地是思政课理论联系实际、主观见之于客观的平台和纽带，是大学生走进社会、贴近实际、贴近生活、贴近群众的前沿阵地，是高校和社会各界共同培养社会主义合格接班人的公共服务站，是青年志愿者接受锻炼的社会大舞台。因此，稳定的实践教学基地以及基地规范化管理机制是保障思政课实践教学活动正常开展的关键。

（一）健全实践教学基地建设与运营机制

要确保思政课实践教学目标和任务的完成，需要建立一套协调有序、利于活动的思政课实践教学基地运行机制。安徽医科大学实践教学基地的开发与建设是根据实际需要，按照思政课“05”方案“高等学校思想政治理论课所有课程都要加强实践环节。要建立和完善实践教学保障机制，探索实践育人的长效机制……要通过形式多样的实践教学活动，提高学生思想政治素质和观察分析社会现象的能力，深化教育教学的效果”① 而建立的，为保证实践教学质量，学校和基地相互协作，逐步完善实践基地的建设、运营等相关标准和规范。实践教学基

---

① 《中共中央宣传部　教育部关于进一步加强和改进高等学校思想政治理论课的意见》（教社政〔2005〕5号）。

地建成后，“原理”“概论”“纲要”“基础”等4门课程将实践教学基地活动作为开展大学生社会化、实践性教育和专题法治教育的重要形式，组织学生到实践教学基地开展参观、调研、劳动锻炼、志愿服务等活动，从而使思政课实践教学基地成为大学生增长知识、提升素质和锻炼能力的育人大舞台。

（二）协同开发，实现共赢

安徽医科大学思政课实践教学基地是在校党委领导下，以思政部（马克思主义学院）为主，与宣传部、学生处、团委和教务处等多部门配合，共同开发和建设起来的。思政课实践教学基地建设是一项系统工程，既需要思政课教学部门的实践教学计划与方案，又需要学校宣传部、学生处、团委和教务处等管理部门的支持和参与，同时还必须有实践教学基地方面的指导与配合。安徽医科大学在思政课实践教学基地开发与管理过程中，特别注意使基地和当地主管部门得到大学生的智力支持和志愿者服务。例如，组织临床医学、口腔医学的同学们到合肥大圩镇沈福村和肥西小井庄开展义诊、免费体检以及为小学生讲解如何爱护牙齿等活动，不仅使群众得到了实惠，也扩大了基地和当地主管部门的社会影响。

第三章　实践教学全覆盖的措施与保障

“实践教学全覆盖”是贯彻落实党和国家关于思政课教育教学改革创新的重要举措，是教育部思政课建设标准的基本要求，是推动和完善高校思政课实践教学，不断增强和彰显思政课的亲和力、针对性以及实践价值的有效途径。本章以安徽医科大学近年来实践教学情况为例，对“实践教学全覆盖”加以研究。

第一节　实践教学全覆盖的含义

思政课“实践教学全覆盖”是2015年教育部颁布的《高等学校思想政治理论课建设标准》首次提出的重要概念，也是对思政课教学管理以及如何开展实践教学的具体指导。我们认为，“实践教学全覆盖”就是依据思政课具体课程内容和教学大纲的要求以及大学生的特点，有目的、有计划地组织学生开展实践教学，并使这些实践教学覆盖到全部高校、所有思政课课程、全体学生、所有思政课教师以及参与实践教学活动的所有人员等方面的育人理念与教学方法。

一、覆盖全部高校

实践教学覆盖全部高校。思政课是我国高校大学生的必修课，在高校思政课开展实践教学是教育部提出的新时代思政课教学工作的基本要求。“必修课”是指所有高校必须为大学生开设的课程，“思政课是高等学校落实立德树人根本任务的关键课程，是必须按照国家要求设置的课程”①。“基本要求”是指开设思政课的高校必须开展实践教学。两个“必须”是思政课“实践教学覆盖全部高校”的基本内涵。

在思政课的实践教学中，高校承担着双重责任。它既是实践教学的客体单位，承担着落实思政课实践教学的任务；又是实践教学的主体单位，负责着自己学校思政课面向所有专业的学生如何开展实践教学的决策与实施。

第一，高校担当着思政课实践教学的客体作用。任何高校都必须贯彻落实思政课的教学工作，并根据相关要求将实践教学纳入教学计划。高校思政课承担着对大学生进行系统的马克思主义理论教育的重任，是高校学生必修的基础课，是新时代培养担当民族复兴大任的时代新人、培养德智体美劳全面发展的社会主义建设者和接班人的“核心课程”和“灵魂课程”②。这就要求高校思政课老师必须以学生为主体，讲好社会主义大学人才培养的“核心课程”和“灵魂课程”，让同学们掌握马克思主义理论的基本功；同时，将理论与实际相结合，开展好实践教学，充分发挥实践教学在人才培养中的功能和价值，从而凸显思政课实践教学在引导学生立德成人、立志成才，树立正确世界观、人生观、价值观等方面的地位和作用。习近平总书记高度重视实践在成长成才中的重要作用，指出“许多学生正是在社会实践和社会活动中树立了对人民的感情、对社会的责任、对国家的忠诚”。高校作为思政课建设的依托者，承担着党和国家关于大学生思政课实践教学的任务，发挥其在大学生坚定正确理想信念及全面发展方面的重要作用，是开展思政课实践教学、落实“实践教学全覆盖”的前提和基础。

第二，高校发挥着思政课实践教学的主体作用。我们所说的主体作用或主体地位，是指高校既是接受党和国家关于思政课实践教学任务的一方，又是贯彻落实实践教学、发挥主观能动性的一方。

高校作为思政课实践教学的落实者与实施者，怎样将思政课实践教学纳入学校的整体教学计划，如何统筹思政课各门课之间的实践教学时间安排、学分落实，将什么样的教学内容作为实践活动的主题，除思政课教师、学生

---

① 《新时代高等学校思想政治理论课教师队伍建设规定》，中华人民共和国教育部令第46号。

② 《教育部关于印发〈新时代高校思想政治理论课教学工作基本要求〉的通知》（教社科〔2018〕2号）。

辅导员之外什么样的人群适合担任实践教学的指导教师，应在什么样的地方、场所开发和建设足够满足大学生开展实践教学活动的基地，在保障思政课教学科研机构正常运转的各项经费的同时怎样落实教育部要求的配足用于教师学术交流、实践研修等专项经费，这些工作都是思政课实践教学得以顺利开展的基础。

高校是思政课实践教学全覆盖得以实施的母体，是思政课实践教学基地建设与管理的乙方单位，是思政课实践教学方案制订与实施的组织部门。不论是何种形式的实践教学，不管实践教学的场所在哪里，无论不同学科学生的实践教学如何统筹，高校始终是思政课实践教学得以顺利开展的坚强后盾和依靠。

二、覆盖所有思政课课程

实践教学覆盖所有思政课课程。思政课的所有课程：4 年制本科高校由“原理”“概论”“纲要”“基础”“形势与政策”5 门必修课和“当代世界经济与政治”1 门选修课组成；3 年制专科高校由“概论”“基础”“形势与政策”3 门必修课组成。思政课各门课程都具有不同的性质、地位、作用：“原理”课进行马克思主义立场、观点、方法的教育，提供世界观和方法论的科学指导；“概论”课讲授马克思主义普遍原理同中国革命、建设、改革等不同时期社会实际相结合产生的理论成果，这些与时俱进的中国马克思主义是中国特色社会主义现代化建设的指导思想；“纲要”课主要讲授中国近代以来争取民族独立、人民解放和实现国家富强、人民幸福的历史；“基础”课立足于帮助大学生树立正确的人生观、价值观、道德观和法制观，培养德智体美劳全面发展的社会主义合格建设者和可靠接班人；“形势与政策”课主要针对大学生关注的当前国内外重大、热点问题和思想特点，帮助大学生认清国内外形势，教育和引导大学生全面准确地理解党的路线、方针和政策，坚定在中国共产党领导下走中国特色社会主义道路的信心和决心，积极投身改革开放和现代化建设伟大事业；“当代世界经济与政治”课以当今世界经济与政治的发展变化为主线，帮助大学生理解马克思主义关于当代世界经济政治与国际关系的基本观点以及我国的国际战略思想与外交政策，增强当代大学生分析问题和解决问题的能力。各门思政课既各具特色，又相辅相成。要做到实践教学覆盖到每一门课程，教育者必须准确把握思政课的理论性和实践性相统一的特点，认识思想政治教育的基本规律，“遵循教育规律、人才成长规律，着力形成充满活力、富有效率、更加开放、有利于高质量发展的教育体制机制”①。

实践教学覆盖所有思政课课程，就是要求高校的每一门思政课都必须开展实践教学。各门思政课实践教学要以贴近社会、贴近生活、贴近实际为原则，设计好各自的实践教学方案。在实践教学内容上，选取理论教学的重点难点以及学生思想的困惑点，结合实际需要、找准实践教学的鲜活主题。在实践教学形式上，应根据不同课程内容、学科特点、学生要求、实践场所等情况开展丰富多彩的实践教学活动。思政课实践教学更直观地引导同学们体验如何理解知识和运用知识，使他们在参与、感受教学活动的过程中，体会理论课的真理性与实效性。

要通过各门课的实践教学，让同学们在理论上充分认识马克思主义基本原理、中国共产党的历史、中国特色社会主义理论成果的同时，进一步在实践中验证马克思主义的行、中国共产党的能、中国特色社会主义的好，从而达到对思政课的真学、真懂、真信、真用。

三、覆盖全体高校学生

实践教学覆盖全体高校学生。就高校而言，学生既是学习的主体，又是被教育的对象，是学习的客体。思政课实践教学覆盖全体高校学生，旨在使每一个高校的学生均能参与思政课的实践教学。高校肩负着培养大学生的历史重任。大学生能够掌握科学理论知识和技术技能、养成遵纪守法的法治思维、自觉践行社会主义核心价值观，努力成为中国特色社会主义事业的可靠接班人，是高校教育大学生的主要任务。而完成这些目标任务，作为大学生思想政治教育主要阵地、重要途径的思政课，发挥着至关重要的作用。在思政课的教学中，理论教学的功能固然不可或缺，而引导大学生健康成长成才的实践教学在弥补理论讲授的不足方面愈发彰显着育人的重要价值。“一方面通过开展课堂理论教学，帮助学生提高思想认识和理论素养；另一方面通过实践教学活动，让学生从单一的课堂理论教学中走出来，通过情景模拟、参观体验、社会调查等实践活动，在实践中深化对马克思主义理论的认识，在实践中锻炼能力、提高素质，并转化为情感认同，进而形成坚定的理想信念，用实际行动积极践行社会主义核心价值观，逐步完成三大学习任务，成长为有理想、有本领、有担当的时代新人。”② 实践教学是高校

① 《习近平谈治国理政》第三卷，外文出版社，2021 年版，第 347 页。

② 钟凌云：《新时代高校思政课的实践教学》，《文教资料》，2019 年第 1 期。

思政课的重要组成部分，是提高思政课针对性和实效性不可或缺的重要环节。高校让每一个大学生都参加到实践教学活动中来，让实践教学成为大学生思想政治教育的新常态，让大学生在实践教学中学会用马克思主义的立场、观点和方法观察问题、分析问题和解决问题，从而提升大学生的实践能力和创新能力。

四、覆盖所有思政课教师

实践教学覆盖所有思政课教师。思政课教师是指承担高校思政课教育教学和研究职责的专兼职教师，是高校教师队伍中承担马克思主义理论教育、用习近平新时代中国特色社会主义思想铸魂育人的中坚力量。实践教学覆盖所有思政课教师，是说思政课教师既是思政课课程理论知识的灌输者、传播者，同时又必须是思政课实践教学的主导者、组织者和执行者，肩负着“理论性和实践性相统一”的深化教学改革创新的重任。

实践教学之所以要覆盖所有思政课教师，是由思政课教师岗位职责决定的。“思政课教师要引导学生立德成人、立志成才，树立正确世界观、人生观、价值观，坚定对马克思主义的信仰，坚定对社会主义和共产主义的信念，增强中国特色社会主义道路自信、理论自信、制度自信、文化自信，厚植爱国主义情怀，把爱国情、强国志、报国行自觉融入坚持和发展中国特色社会主义事业、建设社会主义现代化强国、实现中华民族伟大复兴的奋斗之中，为培养德智体美劳全面发展的社会主义建设者和接班人作出积极贡献。”① 这是新时代赋予高校思政课教师的历史重任和殷切期望。

思政课教师作为实践教学的主导者，对实践教学的计划、决策、方案、过程落实等起着全局性的作用。一个高校思政课实践教学开展得如何，担当着“增强思政课的思想性、理论性和亲和力、针对性，全面提高思政课质量和水平”重任的思政课教师起着关键性的作用。

作为组织者和执行者，思政课教师必须依据实践教学计划方案，周密安排某个专业或某一班级学生的某一次实践教学活动的细小事项：实践活动主题的确定、参与人数的多少、实践活动的场所是否具有典型性、实践活动需要注意的事项有哪些、实践活动的评价总结以什么样的方式方法进行等。这些事项在每次的实践活动中都有着不同的内容与形式。面对每一特殊性的实践教学活动，身为组

---

① 《新时代高等学校思想政治理论课教师队伍建设规定》，中华人民共和国教育部令第46号。

织者和执行者的思政课教师在完成特定的实践教学任务中必须发挥主观能动性，针对变化的实际情况，采取多种方法灵活地应变与决策。如安徽医科大学“课堂实践、校园实践、基地实践、‘三下乡’实践、节假日实践”五位一体的思政课实践教学活动方案的提出与实施，思政课教师都始终自觉地履行着组织者和执行者的角色。

五、覆盖参与实践教学活动的所有人员

实践教学覆盖参与实践教学活动的所有人员。这里说的所有人员，包括高校所有思政课教师、全体学生以及参与组织管理思政课实践教学的高校领导、相关职能部门（诸如宣传部、学生工作部、教务处、团委等）的负责人、学生辅导员等所构成的一个群体。思政课实践教学活动的顺利开展，离不开学校领导的重视与指导、相关部门的统筹与支持、学生的积极参与、辅导员的齐心协助、思政课教师的组织实施。从某种意义上说，将实践教学纳入教学计划，统筹思政课各门课程的实践教学，落实学分、教学内容、指导教师和专项经费以及建立相对稳定的校外实践教学基地等，都是在这一群体的共同努力下完成的。换句话说，思政课实践教学是一项系统的育人工程，其总体规划、实践教学环节的布局与衔接、实践教学方法的深化与改革、各学科专业学生实践教学的统筹与安排、实践教学指导教师的选拔与配备、实践教学的交通与安全、实践教学费用的合理划拨、实践教学基地的开发与建设、实践教学效果的监督与评估等，无一不是由这一群体完成的。

参与实践教学的所有人员有一个共同的理念，又担负着一个相同的职责，即通过实践教学活动，达到实践育人的目的。实践育人，就是遵循学生的成长成才规律和教学活动规律，通过激发学生自我参与以及相互学习交流的热情和兴趣，以大家掌握的理论知识和间接经验为基础，以开展与学生成才成长密切相关的各种实践活动为途径，从而进一步加强对学生的思想政治教育并促进他们德智体美劳的全方面发展。

马克思说：“哲学家们只是用不同的方式解释世界，而问题在于改变世界。”①社会实践是认识和改造世界的基础，只有实践，才能洞察世事，才能使人成熟。

① 《马克思恩格斯选集》第1卷，人民出版社，1995年版，第61页。

因此，科学认识和定位实践教学在教育中的地位与作用，不仅是思政课改革创新的努力方向，也是高校教育主动适应时代要求的关键所在。高校实践育人的主要内容就是让大学生坚持理论学习、创新思维与社会实践相统一，坚持向实践学习、向人民群众学习，以不断增强学生服务于国家、服务于人民的社会责任感，最终服务于中国特色社会主义现代化建设。受教育、长才干、做贡献，概括了社会实践丰富而立体的教育效果，其中“受教育”“长才干”是社会实践的本体功能，而“做贡献”这个维度，则指出了青年学生通过社会实践可以激发释放出难以估量的创造力①。

思政课实践教学之所以要覆盖参与实践教学的所有人员，是因为这一群体是实践教学得以开展的先导者和保证者。只有他们对思政课实践教学重要性认识到位，各种实践教学活动方能顺利进行。思政课不是纯理论课程，它的诞生本就是基于马克思主义这一实践的科学，它的发展是依赖于学科的内在实践性。因此，相关部门要继续加大对思政课实践教学的宣传力度，取得学校领导、教师、学生、社会各界人士对思政课实践教学的高度重视，使他们用长远的眼光看待大学生成长成才问题，从整体上提高对思政课实践教学重要性的认识。这既是实现思政课实践教学“全覆盖”的首要条件，也是发挥出思政课实践教学实效的应有之义。

第二节　实践教学覆盖全体学生的方案实施

实践教学是马克思主义实践理论的体现，是培养大学生世界观、人生观和价值观的有效方式，是教育学生“扣好人生第一粒扣子”的重要环节。思政课实践教学覆盖全体学生对坚定大学生的理想信念、陶冶大学生的道德情操、开阔大学生的知识视野、历练大学生的意志品格、培养大学生的协作精神、提升大学生的创新能力、树立大学生的爱国志向等具有重要的方法论引导作用。

---

① 《实践育人，深化教育改革》，《人民日报》，2020 年 8 月 30 日第 5 版。

一、实践教学覆盖全体学生的指导思想和目的要求

（一）指导思想

以马克思列宁主义、毛泽东思想、邓小平理论、“三个代表”重要思想、科学发展观、习近平新时代中国特色社会主义思想为指导，落实立德树人根本任务，不断提升思政课教学质量和教学效果；教师通过实践教学活动，使同学们提高综合素质，坚定“四个自信”，增强社会责任感，学会用马克思主义的立场、观点、方法来分析和解决实际问题，培养德智体美劳全面发展的中国特色社会主义合格建设者和可靠接班人。

（二）目的要求

教师通过课堂实践教学、校园实践教学、教学基地实践教学、暑期“三下乡”实践教学、节假日实践教学等“五位一体”的实践教学活动，引导大学生在丰富多彩的社会实践中拓展自己的视野，不断检验、丰富和运用自己所学的知识；充分尊重学生的主体地位和激发学生新的学习渴望，从而培养学生的创新意识和探索精神；实现教学模式的多样化，使思政课教学充满生机与活力，切实增强思政课的针对性和实效性。

1. 明确育人目标，使每个大学生成为思政课实践教学的受益者

实践教学是大学生思想政治教育的重要环节，对于加深大学生对思想政治理论知识的理解，促进大学生了解社会、增长才干、锻炼毅力、培养品格、提升能力、增强社会责任感有着不可替代的育人作用。习近平总书记指出，思政课改革创新要“坚持理论性和实践性相统一”，要“在理论和实践的结合中，教育引导学生把人生抱负落实到脚踏实地的实际行动中来，把学习奋斗的具体目标同民族复兴的伟大目标结合起来，立鸿鹄志，做奋斗者”①。中共中央办公厅、国务院办公厅印发的《关于深化新时代学校思想政治理论课改革创新的若干意见》强调，思政课教学要同生产劳动和社会实践相结合，推动思政课实践教学与学生社会实践活动、志愿服务活动结合，完善思政课实践教学机制。如同思政课理论教学一样，在育人、成才的方向上，思政课实践教学同时使得大

① 习近平：《思政课是落实立德树人根本任务的关键课程》，《求是》2020 年第 17 期。

学生受益。

2. 践行计划措施，使每个大学生成为思政课实践教学的参与者

实践教学既是学生获取、掌握知识和认知社会的重要途径，也是大学生学习思政课的必修课。教育部要求“从本科思想政治理论课现有学分中划出 2 个学分、从专科思想政治理论课现有学分中划出 1 个学分，开展本专科思想政治理论课实践教学”①，使得实践教学覆盖全体学生。它一方面明确规定了实践教学是高校思政课的重要组成部分，任何高校必须落实到位；另一方面又强调了实践教学是每一个大学生不可或缺的重要环节，充分发挥着学生的主体性作用，调动着学生的积极性和主动性，对于坚定学生的思想信念、提升学生的人文素养、规范学生的道德行为，引导大学生树立正确的世界观、人生观、价值观，为现代社会培养高素质的人才有着极为重要的意义。因此，实践教学开展得如何，无论是课堂讨论、经典诵读、案例分析、情景模拟、演讲比赛，还是社会调查、义务宣讲、志愿服务、劳动锻炼等，大学生作为主角，始终是实践教学的参与者。大学生作为参与者，他们通过实践教学活动，进一步加强了对马克思主义理论的认知，加深了对当代国内外重大理论和现实问题的了解，培养了运用理论和知识发现问题、分析问题、解决问题的基本能力与创新思维，训练了认识和观察社会的能力，加强了对国情、社情、民情的真实感受，体验了当代社会主义建设的真情实感，历练了德智体美劳全面发展的能力。这些收获，使同学们真正认识到实践教学是自己认识社会、训练能力、提高素质的一种有效途径。

3. 采取分课实施，使每门思政课的实践教学成为大学生的成才课

采取实践教学分课实施，即“原理”“概论”“纲要”“基础”等多门思政课的任课教师分别在其授课班级实施实践教学，并使每门课程均以课堂实践教学、校园实践教学、教学基地实践教学、暑期“三下乡”实践教学、节假日实践教学等形式开展活动，从而实现思政课所有课程都要加强实践环节的要求，贯彻了理论联系实际、认识与实践辩证统一的精神。学校通过覆盖全体学生的实践教学活动，使每一个大学生都能参与到思政课的实践活动中来，充分尊重了学生主体地位并激发了学生新的学习兴趣，从而培养学生的创新意识和探索精神。同时，实践教学模式的多样化、丰富多彩的实践活动积极引导着大学生宽视野、增

---

① 《教育部关于印发〈新时代高校思想政治理论课教学工作基本要求〉的通知》（教社科〔2018〕2 号）。

知识、长才干、练能力，从而凸显出思政课教学的生机与活力，增强思政课的针对性和实效性，充分发挥思政课实践教学的作用。

二、实践教学覆盖全体学生方案

为贯彻落实相关文件精神，进一步健全和完善安徽医科大学思政课实践教学活动，学校制定了如下方案：以 2016 年 9 月安徽医科大学新入学的 2823 名学生为基准，在之后的 3 年内，使安徽医科大学临床医学、预防医学、口腔医学、护理学、麻醉学、医学影像学、医学检验技术、临床药学、公共卫生事业管理、劳动与社会保障、信息管理与信息系统、生物医学工程、医事法学等专业的每个学生都能参与实践教学活动中来，从而达到实践教学全覆盖。

（一）思政课实践教学覆盖全体学生的实施规划

为落实实践教学覆盖全体学生的文件精神，马克思主义学院根据全校 2016 年 9 月新入学的 2823 名学生人数，以思政课实践教学的 5 种途径，即课堂实践教学占 30%（847 人）、校园实践教学占 10%（282 人）、教学基地实践教学占 20%（565 人）、暑期“三下乡”实践教学占 30%（847 人）、节假日实践教学占 10%（282 人）规划了“31231”方案，而这一方案是通过分课实施的方式，即“原理”“概论”“纲要”“基础”4 门思政课的任课教师分别在其授课班级实施完成的。

1. 各门课程实践教学课时安排

“原理”：理论教学 47 学时，实践教学 7 学时，总计 54 学时

“概论”：理论教学 75 学时，实践教学 15 学时，总计 90 学时

“纲要”：理论教学 47 学时，实践教学 7 学时，总计 54 学时

“基础”：理论教学 47 学时，实践教学 7 学时，总计 54 学时

2. 各门课程实践教学时间安排

“原理”“概论”“纲要”“基础”4 门思政课课程的实践教学环节与思政课理论教学同步进行，须在理论教学时间外进行，不得挤占理论教学时间。

（二）思政课实践教学的主要形式

1. 课堂实践教学

课堂实践教学主要是在思政课教师指导下，围绕教材的重难点问题、重大理

论和现实问题以及学生关心的热点和焦点问题，在学校教室内开展的以诵读经典、课堂讨论、红色影视作品赏析、情景剧、微电影、案例分析和主题辩论等为主要形式的教学活动。在4门思政课教学的2年内，参与课堂实践教学的学生人数为847人（占2823名学生数的30%），每年424人。根据“原理”“概论”“纲要”“基础”4门课程的教学计划，每门课程只要安排106人，即可达到实践教学全覆盖的百分比要求。

2. 校园实践教学

校园实践教学是指在校园内开展的由学生参与的实践活动。校园实践教学活动主要包括以下几方面内容：一是组织学生社团活动、演讲比赛、征文评比、爱心工程、文艺演出、小品比赛、歌咏比赛、电影周等。例如，各门思政课在“五四”青年节、“一二·九”运动纪念日、“七一”建党日、“十一”国庆节等纪念日开展的实践教学。二是指导主题教育活动。例如，感恩教育、国情教育、健康教育、法制教育、环境教育等。三是指导学生社团活动。组织学生社团开展多种形式的精神文明建设活动，例如大学生志愿者服务日等，涵养大学生健康人格，推进高校文化素质教育，营造健康高雅、积极向上的良好文化氛围。3年内，参与校园实践教学的学生人数为282人（占2823名学生数的10%），每年安排94人，即可达到实践教学全覆盖的百分比要求。

3. 教学基地实践教学

教学基地实践教学是指大学生参与学校社会实践教学基地的活动，实践教学基地是高校思政课实践教学的重要场所。各高校利用地方思想政治教育资源优势，在具有历史意义、现实意义、先进意义的单位，建立多个相对固定的实践教学基地，并以此为依托，开拓思政课实践教学的新局面。根据“原理”“概论”“纲要”“基础”等课程计划，学校将实践教学安排到每学期的教学日历中。2年内，到校外实践教学基地参与实践活动的学生人数为565人（占2823名学生数的20%）。根据“原理”“概论”“纲要”“基础”4门课程的教学计划，每门课程安排142人到教学基地进行实践活动，即可达到实践教学全覆盖的百分比要求。

4. 暑期“三下乡”实践教学

3年内，参与暑期“三下乡”实践教学的人数为847人（占2823名学生数的30%）。每年安排283人，即可达到实践教学全覆盖的百分比要求。

暑期“三下乡”实践教学，即“文化、科技、卫生”下乡，是各高校在暑假期间针对大学生群体开展的一项社会实践活动，其目的在于提升在校大学生的综合素质。学校组织学生到农村去宣传文化、科技、卫生等相关理论知识，走访考察这些地方改革开放以来发生的变化，调查了解社情、乡情、民情等社会问题。例如，学生对农村基层党建和党组织作用发挥的情况进行走访、座谈，对新农村建设和党的先进性教育进行调查和研究，了解社会主义核心价值观在新农村建设中所发挥的作用等；然后在参观和走访调研的基础上，撰写一份关于“三下乡”活动的感受和体会。暑期“三下乡”活动，既为广大农民送去温暖和帮助，同时也锻炼了大学生分析问题和解决问题的能力。

5. 节假日实践教学

节假日实践教学是指学生利用寒暑假、五一、十一、周末等节假日时间，为完成思政课实践教学而进行的政策宣讲、社会调查、参观访问、志愿者服务等自主参加的实践教学活动，又称自主实践。自主实践灵活性强，覆盖面大，时间充裕，场所自由，主题多样，收获较好。节假日的实践教学活动，拓展了大学生对社会的认知与了解，增强了他们接触社会和服务社会的主动性，培养了他们吃苦耐劳和艰苦奋斗的精神，锻炼了他们社交能力和组织协调能力。3 年内，学生利用暑假、寒假以及其他节假日自主参加社会实践调研活动的人数为 282 人（占 2823 名学生数的 10%），每年安排 94 人，即可达到实践教学全覆盖的百分比要求。

三、思政课实践教学的实施措施

高校思政课实践教学是以“立德树人、促进学生全面发展”为目标的实践教学活动，在推进思政课改革创新中具有不可替代的重要作用。它是深化大学生对课堂理论教学重点难点的理解，增强思政课的亲和力和针对性，引导大学生将理论知识外化为自觉行动的关键环节。因此，我们依据《安徽医科大学本科生思想政治理论课实践教学实施方案（修订）》，通过课堂实践教学、校园实践教学、教学基地实践教学、暑期“三下乡”实践教学、节假日实践教学等“五位一体”的实践教学模式，将培育时代新人的育人目标寓于思政课实践教学中，使每一个大学生能够参与实践教学活动，并在实践教学活动中受益、成长。

针对思政课实践教学方案，根据课时安排和时间安排，我们以“五位一体”的实践教学模式，实现了“实践教学覆盖全体在校学生”的目标要求。现将安徽医科大学思政课实践教学的部分具体实施措施或成果展示如下：

安徽医科大学2017—2018年第一学期“马克思主义基本原理概论”

实践教学课程教学日历

周次	日期	星期	节次	主要内容	学时	指导老师	班级	实践地点
10	2017-11-11	六	10—12	经典著作研读：马克思《青年在选择职业时的考虑》	3	周老师	2016级儿科学	网络教学平台
12	2017-11-26	日	06—08	实践主题：党的十八大以来合肥发生的变化	3	周老师	2016级儿科学	实践教学基地
14	2017-12-10	日	10—12	哲学思维训练：结合“党的十八大以来合肥发生的变化”实地观感，讨论社会主义主要矛盾变化的依据	3	周老师	2016级儿科学	学生宿舍

安徽医科大学2017—2018年第二学期“马克思主义基本原理概论”

实践教学课程教学日历

周次	日期	星期	节次	主要内容	学时	指导老师	班级	实践地点
7	2018-04-21	六	01—04	经典著作研读：马克思、恩格斯《共产党宣言》	4	郑老师	2016级医学信息	网络教学平台
11	2018-05-19	六	01—05	征文比赛：纪念《共产党宣言》发表170周年	5	郑老师	2016级医学信息	网络教学平台

安徽医科大学2017—2018年第一学期“毛泽东思想和

中国特色社会主义理论体系概论”实践教学课程教学日历

周次	日期	星期	节次	主要内容	学时	指导老师	班级	实践地点
8	2017-10-28	六	01—03	时政纪录片：《伟大的历程》	3	张老师	2016级妇幼保健	网络教学平台
11	2017-11-18	六	01—03	研读与讨论：不忘初心，继续前进	3	张老师	2016级妇幼保健	网络教学平台

（续表）

周次	日期	星期	节次	主要内容	学时	指导老师	班级	实践地点
14	2017-12-09	六	01—03	专题报告：培育和践行社会主义核心价值观	3	张老师	2016级妇幼保健	校学术报告厅
16	2017-12-23	六	10-12	优秀课堂笔记或主题微电影比赛	3	张老师	2016级妇幼保健	教室或宿舍
18	2018-01-06	六	01—03	实践主题：社会主义新农村建设	3	张老师	2016级妇幼保健	实践教学基地

安徽医科大学2017—2018年第二学期“毛泽东思想和中国特色社会主义理论体系概论”实践教学课程教学日历

周次	日期	星期	节次	主要内容	学时	指导老师	班级	实践地点
3	2018-03-24	六	10—12	时政纪录片：《辉煌中国》	3	蔡老师	2016级康复医学	网络教学平台
6	2018-04-14	六	10—12	研读与讨论：中国共产党十九大报告	3	蔡老师	2016级康复医学	网络教学平台
8	2018-04-28	六	10—12	专题报告：一带一路与中国崛起	3	蔡老师	2016级康复医学	校学术报告厅
10	2018-05-12	六	10—12	优秀课堂笔记或主题微电影比赛	3	蔡老师	2016级康复医学	教室或宿舍
13	2018-06-02	六	01—03	实践主题：社会主义新农村建设	3	蔡老师	2016级康复医学	实践教学基地

安徽医科大学2017—2018年第二学期“中国近现代史纲要”

实践教学课程教学日历

周次	日期	星期	节次	主要内容	学时	指导老师	班级	实践地点
6	2018-04-14	六	01—03	观看历史影片《建国大业》《建党伟业》《建军大业》，撰写观后感	3	韦老师	2017级精神医学	网络教学平台
10	2018-05-12	六	01—03	研读历史文献与名人传记，撰写读后感	3	韦老师	2017级精神医学	网络教学平台

安徽医科大学2017—2018年第一学期“思想道德修养与法律基础”

实践教学课程教学日历

周次	日期	星期	节次	主要内容	学时	指导老师	班级	实践地点
10	2017-11-11	六	01—03	观看《感动中国2016年度人物》《中国好人》，畅谈人生理想	3	朱老师	2017级劳动与社会保障	网络教学平台
13	2017-12-02	六	01—03	征文：《思想道德修养与法律基础》与案例教学	3	朱老师	2017级劳动与社会保障	网络教学平台
18	2018-01-06	六	01—03	实践主题：缅怀革命先烈、弘扬民族精神	3	刘老师	2017级劳动与社会保障	实践教学基地

安徽医科大学2017年暑期社会实践活动优秀调研报告

序号	单位	作品名	作者	指导老师
1	马克思主义学院	关于安徽歙砚保护过程中法律政策、机构设置与传承人三者作用的研究	丁同学	许老师 杨老师
2	马克思主义学院	关于农村精准扶贫政策开展情况的调研——以六安市舒城县阙店乡为例	王同学	许老师 骆书记

（续表）

序号	单位	作品名	作者	指导老师
3	马克思主义学院	合肥市成年人睡眠健康现状调查报告	阚同学 程同学	张老师
4	马克思主义学院	农村50岁以上中老年人常见慢性病调查	杨同学 郑同学 陈同学	徐老师

安徽医科大学2018年暑期社会实践活动立项汇总表

序号	学院	团队名称	活动主题	活动人数	活动时间	活动地址	活动内容（100字以内）	指导老师
1	马克思主义学院	筑梦	互联网+党的十九大报告宣传	15	2018年7月28日—7月29日	金寨	宣传党的十九大报告内容，学习党的十九大精神	韦老师
2	马克思主义学院	马克思主义学院“暖风行动”暑期社会实践团	农村老年人权益保障法律制度实施效果调查研究	18	2018年7月14日—7月17日	“乐年长者之家”养老院、舒城县阙店乡	本次“三下乡”实践活动将调查阙店乡农村老年人权益保障的实际情况，积极响应落实国家“七五”普法规划要求，深入结合“法律六进”活动，通过问卷调查、实地走访等多种活动形式，加强阙店乡老年人权益保障法律法规普法宣传教育，强化当地老年人维护合法权益的法治观念	杨老师 许老师 宋老师

安徽医科大学马克思主义学院2019年暑期社会实践活动立项汇总表

序号	团队名称	活动主题	活动时间	活动地址	指导老师
1	互联网+安徽文化传播	传播安徽红色文化，弘扬爱国赤子之心	2019年7月12日—7月16日	六安金寨	韦老师

（续表）

序号	团队名称	活动主题	活动时间	活动地址	指导老师
2	春风十里不如改革有你	官庄镇改革开放成果及未来发展预期	2019 年 7 月 20 日—7 月 24 日	安庆潜山官庄镇	常老师
3	安徽医科大学送法下乡实践队	宣传环境保护法	2019 年 7 月 15 日—7 月 20 日	合肥庐江	宋老师
4	科技小分队	语音智慧银行	2019 年 7 月 10 日—7 月 15 日	合肥庐江	刘老师
5	安徽医科大学关“艾”有家 App 暑期社会实践团	关“艾”有家 App	2019 年 8 月 13 日—8 月 17 日	六安霍邱	刘老师

第三节　实践教学全覆盖的保障机制

实践教学是高校思政课教学体系中的重要组成部分，是实现思政课“课程育人”提质增效的重要环节。实践教学在促进理论教学内容入脑、入心、入行的过程中，对于提高大学生的思想道德素质、形成大学生的健全人格、培养大学生的创新能力有着无可替代的作用。因此，高校思政课实践教学必须牢牢抓住“立德树人”的根本任务，围绕“努力培养担当民族复兴大任的时代新人，培养德智体美劳全面发展的社会主义建设者和接班人”的教学目标下功夫，紧紧结合学校实际，从制度机制、师资培养机制、资源优化机制、组织管理机制、经费保障机制等方面着手，建立和完善相关的实践教学保障机制。

一、完善实践教学的制度保障机制

如同理论教学一样，实践教学作为思政课的重要组成部分，作为一种常态性的教学环节，需要规范的教学制度、完善的教学体系、合理的实施方案和合乎规律的运营模式，从而为思政课实践教学全覆盖提供支撑和保障。

（一）纳入教学计划，明确了实践教学的目标机制

自“05 方案”首次提出“实践教学”概念以来，实践教学作为思政课的重要环节开始走进高校教育教学的议事日程，由自发的教学活动转变为自觉规范的教学行为，由不确定的教学实践纳入有计划的教学过程。

将实践教学纳入教学计划，对提高思政课教学效果和规范实践教学具有重要意义。第一，确证了实践教学的必要性。学校通过多形式、多途径的实践教学活动，一方面可以引导大学生在讨论、辩论、案例解析、同诵经典、参观访问、社会调查、劳动锻炼、科技服务、志愿者服务等活动中既加深对思政课理论知识的理解，又进一步了解社会、认识国情、增长才干、培养品格、奉献社会，全面提升大学生的综合素质；另一方面可以促进思政课教师贴近社会，拓宽视野，增强业务素质，提升服务学生、服务社会的本领。第二，减少了实践教学的盲目性。教学计划是对未来教学活动所做的事前安排和应变处理，其目的是实现课程教学所达到的目标要求。有了教学计划，实践教学就有了明确的方向，知道该往哪个方面、哪个方向发展以及如何做、谁在做、何时做、在何地做、需投入多少资源等问题，从而减少思政课实践教学活动的盲目性与随意性。

（二）设计教学方案，规范了实践教学的依据机制

教学方案是教师对教学过程的设计安排，是教师实施教学的重要依据。制定合理的教学方案是开展思政课实践教学的不可或缺的工作。思政课实践教学的效果如何，很大程度上取决于教学方案设计的质量。指导思想、实践主题、组织安排、活动形式、人员要求、注意事项、实践基地、考核评估等元素是实践教学方案考虑的主要内容。只有实践教学方案准确到位，才能提高实践教学的工作效率，真正起到实践活动依据的作用。

为提高学生综合素质、培养大学生创新能力、增强大学生社会责任感的重任，提升高校思政课的针对性和吸引力，安徽医科大学于 2013 年制订了《安徽医科大学本科生思想政治理论课实践教学实施方案（试行）》，同时根据总体计划制定“原理”“概论”“纲要”“基础”4 门思政课的具体实施方案。2019 年 5 月，根据相关文件精神，安徽医科大学结合实际，先后修订了安徽医科大学本科生思想政治理论课实践教学实施方案。

（三）界定学时学分，确保了实践教学的长效机制

中宣部、教育部思政课“05 方案”指出：“高等学校思想政治理论课所有课程都要加强实践环节。要建立和完善实践教学保障机制，探索实践育人的长效机

制。围绕教学目标，制定大纲，规定学时，提供必要经费。”①，2008 年 9 月，《中共中央宣传部　教育部关于进一步加强高等学校思想政治理论课教师队伍建设的意见》（教社科〔2008〕5 号）中明确指出：“要从本科思想政治理论课现有学分中划出 2 个学分、从专科思想政治理论课现有学分中划出 1 个学分开展本专科思想政治理论课实践教学。要探索实践育人的长效机制，提供制度、条件和环境保障，确保不流于形式。”2015 年 9 月，教育部出台《高等学校思想政治理论课建设标准》，进一步强调“实践教学纳入教学计划，统筹思想政治理论课各门课的实践教学、落实学分（本科 2 学分，专科 1 学分）、教学内容、指导教师和专项经费。实践教学覆盖全体学生，建立相对稳定的校外实践教学基地。”②2018 年 4 月，教育部再次明确要求高校必须“从本科思想政治理论课现有学分中划出 2 个学分、从专科思想政治理论课现有学分中划出 1 个学分，开展本专科思想政治理论课实践教学”③。

严格落实学时、学分，从本科思政课现有学分中划出 2 个学分、从专科思政课现有学分中划出 1 个学分，开展思政课实践教学。这一学分划界为高校思政课实践教学提供了可靠的制度保障机制。

1. 学分界定，制定了实践教学统一标准

没有规矩不成方圆。严谨、完善的标准，是一门课程得以井然有序、常规开设的前提条件。如同道路上的红绿灯指挥车辆、人群有顺序地过马路一样，实践教学的学分界定，为思政课的理论教学与实践教学划分通行标准。这一标准在使人们从质上明确思政课的教学分为理论教学和实践教学两部分内容的同时，进一步从量上把握实践教学如何规范操作的尺度。因此，“将实践教学纳入思想政治理论课教学的范畴，既指明了思想政治理论课实践教学实质就是社会实践，又明确了与社会实践不同之处，指出实践教学是围绕思想政治理论课的教学内容开展的社会实践教学活动，同时也清楚地划分了思想政治理论课实践教学环节不同于其他教学环节或教学方法。”④

2. 学分界定，明确了实践教学的常态化

实践教学的常态化，就是指将以往的不确定、不稳定、不固定的实践教学活

① 《中共中央宣传部　教育部关于进一步加强和改进高等学校思想政治理论课的意见》（教社政〔2005〕5 号）。

② 《教育部关于印发〈高等学校思想政治理论课建设标准〉的通知》（教社科〔2015〕3 号）。

③ 《教育部关于印发〈新时代高校思想政治理论课教学工作基本要求〉的通知》（教社科〔2018〕2 号）。

④ 姜勇：《浅论思想政治理论课实践教学范畴的由来》，《伊犁师范学院学报》2009 年第 1 期。

动固定化、常规化、制度化，使之更趋近于合情合理。学分界定，实践教学成为高校思政课的重要环节，成为大学生学业教育的必修课程，更成为统一人们认识的常态化的教学思维。

3. 学分界定，确立了实践教学的必修课地位

“实践教学覆盖全体在校学生”以及实践教学学分的规定，自然而然地使实践教学步入高校教育教学的常规课程，成为大学生的必修课。作为大学生必须修习的课程，学校需要合理安排教务，把实践教学的时数纳入总学时，制订系统的教学计划、明确的教学要求、统一的教学大纲和具体的实施方案，并确保实践教学具有相对的独立性。同时，大学生必须按照学校的思政课实践教学要求，圆满完成规定的教学任务

4. 学分界定，确保了实践教学覆盖全体学生

教育部于 2015 年 9 月在《高等学校思想政治理论课建设标准》中提出“实践教学覆盖全体学生”，2019 年 4 月在《普通高等学校马克思主义学院建设标准》中明确规定“实践教学原则上覆盖全体在校学生”①。而实现“实践教学覆盖全体在校学生”的有效保障是每个大学生必须完成的实践教学学分（本科 2 学分，专科 1 学分）。学分界定，使同学们在学习“原理”课、“概论”课、“纲要”课、“基础”课的过程中，以“配方”先进、“工艺”精湛、“包装”时尚的方法，通过课堂实践教学、校园实践教学、教学基地实践教学、暑期“三下乡”实践教学、节假日实践教学等活动形式，实现了实践教学全覆盖。

（四）制定教学日历，规范了实践教学的监控机制

教学日历是教师组织课程教学的具体计划表，它明确规定了授课教师、内容提要、授课时间、活动地点的安排等。教学日历既为授课教师提供了开展教学的具体遵循，又成为学校教务部门质量监控的重要依据。

在前文中我们具体列举了安徽医科大学在 2017 年至 2018 年期间“原理”“概论”“纲要”“基础”4 门思政课开展实践教学的部分教学日历。在制定实践教学日历的过程中，为确保其顺利进行，我们主要从以下几个方面着手：一是实践教学日历上教学内容必须与教学大纲一致，教学日历中的学时安排总数必须与“原理”“概论”“纲要”“基础”课 4 门思政课程的理论教学学时相衔接；二是

① 《教育部关于印发〈普通高等学校马克思主义学院建设标准（2019 年本）〉的通知》（教社科函〔2019〕9 号）。

实践教学的周次、日期、星期、节次、主要内容、学时、指导教师、班级、实践地点等内容要按教学进度填写清楚、准确；三是实践教学“覆盖全体在校学生”，将完成教学日历中的相关规定指标作为考核学生思政课学业成绩的重要依据之一。以上几点要求，使教学日历成为衡量教师指导实践教学和学生参加实践教学的重要标准，同时亦是学校教务部门考核、监控思政课实践教学完成质量如何的重要依据。

（五）落实专项经费，健全实践教学的保证机制

中宣部、教育部思政课“05 方案”指出高校思政课要加强实践环节，并要求“提供必要经费”；2015 年，《高等学校思想政治理论课建设标准》明确规定“实践教学纳入教学计划……落实学分、教学内容、指导教师和专项经费”；2019 年，《普通高等学校马克思主义学院建设标准》进一步强调要“制订实践教学计划，用好社会大课堂，统筹思想政治理论课各门课程的实践教学，落实学时学分、教学内容、指导教师和专项经费”。2020 年 1 月，教育部颁布的《新时代高等学校思想政治理论课教师队伍建设规定》要求：“高等学校应当根据全日制在校生总数，按照本科院校每生每年不低于 40 元、专科院校每生每年不低于 30 元的标准安排专项经费，用于保障思政课教师的学术交流、实践研修等，并根据实际情况逐步加大支持力度。”这里所说的专项经费，是指学校为保证思政课理论教学和实践教学正常开展而专门下拨的特殊资金。这种资金只能用于思政课的理论教学和实践教学，专款专用，不能挪作他用。

安徽医科大学为切实保障思政课理论教学和实践教学的正常开展，从 2012 年起，根据全日制在校生总数，按照本科院校每生每年 20 元的专项经费，用于保障思政课教师的学术交流、实践研修等，同时每年下拨 3 万元的专项经费，为思政课实践教学顺利进行提供资金保障。

二、强化实践教学师资队伍素质的提升机制

实践教学是高校思政课理论教学的有效补充，它可以有效衔接理论知识在社会实践中的具体应用和指导，实现理论与实践的紧密结合，增强学生的实践思维和能力，提高思政理论知识的应用性。思政课实践教学开展得如何，关键是要有一支素质高、业务强、肯担责的师资队伍。这支队伍主要以思政课教师为主体、学生辅导员协助、相关管理人员配合参与。

（一）思政课教师队伍是实践教学增质提效的主力军

教师队伍是实践教学的重要支撑，是教学秩序稳定、教学程序顺利的维护者。思政课教师作用发挥得如何，直接影响着实践教学的效果。第一，配齐建强思政课专任教师队伍，为实践教学提供充足力量。“各高等学校要根据专任为主、专兼结合的原则，按照学生人数以及实际教学、科研和社会服务的需要，合理核定专任教师编制，配备足够数量和较高质量的思想政治理论课教师。本专科思想政治理论课专任教师要总体上按不低于师生1∶350—400的比例配备。”① 只有这样才能缓解思政课师资力量不足、课时量负担过重的矛盾，才会使教师在完成思政课理论教学的同时，有足够的时间保证实践教学的实施。第二，加强思政课教师队伍人才培养，为实践教学提升能力水平。打铁还需自身硬。新时代的人才培养对师资队伍建设提出了更高要求，思政课教师不仅要具备扎实的理论教学水平，同时还要具备丰富的实践教学能力和开阔的视野。在实践教学过程中，计划设计、主题构想、方案实施、基地选择以及实践效果评价和反馈等，均需要思政课教师具有过硬的本领和很强的综合素养。这就要求教师需要不断提升自己的能力与水平，不断培养自己的组织协调能力、创新应变能力和社会洞察能力。为了做到这些，我国为思政课教师建立了国家、省（区、市）、高等学校三级思政课教师培训体系。

（二）辅导员队伍是实践教学增量助力的生力军

辅导员了解学生、熟悉学生，对学生的成长起着举足轻重的作用。因此，辅导员队伍协助参与的思政课实践教学能够达到稳定学生实践团队、提升思政课实效性的目的，为实践教学起到积极的助推作用。从一定意义上讲，如果思政课教师队伍是实践教学增质提效的主力军的话，那么，辅导员队伍则是实践教学增量助力的生力军。然而必须看到的是，辅导员作为兼职思政课教师参与思政课实践教学面临诸多现实问题：如何在履行引导大学生发展完善、健康成长的重要职责的同时，又能够胜任思政课理论教学和实践教学的授课工作；怎样解决需要带队组织思政课实践教学与需要处理学生工作的时间冲突问题；等等。这些均需要高校从自身实际出发，构建有利于辅导员参与思政课实践教学的组织保障制度、沟通协调制度、考核评价制度和激励约束制度。

---

① 《中共中央宣传部　教育部关于进一步加强高等学校思想政治理论课教师队伍建设的意见》（教社科〔2008〕5号）。

（三）管理人员是实践教学的保障队

思政课实践教学的运行是一个复杂的系统工程，既需要周密完备的实践教学方案与社会实践活动过程中师生的积极互动，又需要实践教学活动得以开展的保障措施；既要有授课教师、辅导员的带队指导，又必须有教务处、学工部、校团委、后勤部门等管理人员的积极参与和支持。

管理人员的参与是思政课实现实践教学既定目标的坚强保障，是学校管理工作一切为了学生价值理念的具体践行。思政课实践教学的时间安排、电教中心的多媒体技术支持、微视频的拍摄、演讲比赛场所的提供、校史馆的讲解服务、图书馆专项图书资料的借阅、实践教学基地的建设与维护、交通车辆的租借、出行人员的餐饮以及实践教学活动的监督评价等，这些都是满足实践教学活动的必要措施、资源设备和基本条件，而这些措施的实施者、设备的管理者、技术资源的服务者正是学校的管理人员，是他们保障了实践教学的顺利开展，是他们完善了思政课实践教学的管理保障机制。正是从这一意义上说，管理人员是实践教学的后勤兵、保障队，没有他们的辛勤付出，思政课实践教学难以成行。

三、优化实践教学的资源支撑机制

2012 年 1 月教育部、中宣部、财政部等七部门颁布的《关于进一步加强高校实践育人工作的若干意见》、2018 年 4 月教育部印发的《新时代高校思想政治理论课教学工作基本要求》和 2019 年 8 月中共中央办公厅、国务院办公厅印发的《关于深化新时代学校思想政治理论课改革创新的若干意见》都强调，要加强实践教学环节，整合实践教学资源。这就明确告知我们，实现思政课实践教学目标，必须搭建课内课外、校内校外的教学平台，充分利用与整合好各类实践教学资源。

（一）选择和优化教学资源是实践教学得以实施的前提和基础

资源是指人们所拥有的人力、物力、财力和信息等物质财富和精神财富的总称。社会化的效用性和对于人类的相对稀缺性是资源的根本性质，亦是自然资源和社会资源的价值所在。因此，适当数量的实践教学资源，维系和支撑着实践教学的开展，是实现思政课实践教学目标的前提和基础。我们所说的“思政课的实践教学资源是指在思想政治理论课实践教学过程中能够被用来进行有效的实现实践教学目标的一切内外部要素的总和，包括人力、物力、财力和信息等，具有极强的广泛性。其中物力、财力资源可以归为硬件资源，人力和信息资源可以归为软件资源”①。一般来说，实践教学资源主要包括校内资源和校外资源，而这些资源的数量多寡与质量优劣以及选择、优化、整合利用得如何，直接影响着实践教学的效果。

（二）充分利用校内思政课实践教学的有效资源

校内实践教学资源，指的是在思政课校内实践教学过程中能够被利用的一切条件和要素的总和。校内资源包括课堂实践教学资源、校园实践教学资源。课堂实践教学资源指的是在思政课授课过程中，教师根据“原理”“概论”“纲要”“基础”等不同课程要求设计的实践教学方案以及组织的课堂实践教学活动可以动用的一切软件和硬件条件，其中既有师生开展实践活动的主题演讲、讨论、辩论、情景模拟、影视观摩等，亦有开展相关活动的多媒体设备、网络资源以及支撑这些活动所利用的各种信息等。校园实践教学资源指的是思政课课堂之外的、维系和支撑校园实践教学活动的一切人力、物力、财力和信息等。这些资源主要有以下几种形式：一是图书馆、校史馆、校园宣传橱窗、大学生活动中心、学生宿舍等可以用来为思政课实践教学提供活动的空间或平台；二是比赛活动、纪念活动、演出活动、科研活动、社团活动等支撑思政课实践教学得以开展的活动形式；三是图书资料、校报校刊、电视广播、横幅标语、校园网络等包含丰富的思想政治教育信息的信息资源；四是校训、校风、学风和大学精神等渗透和影响大学生日常学习和生活的无形精神财富。这些资源与大学生的生活、成长、学习有着密不可分的关系，需要得到充分挖掘利用，使其发挥有效价值。

（三）适度开发校外思政课实践教学的合理资源

思政课实践教学校外资源主要包括基地实践教学资源以及大学生“三下乡”实践教学资源。

思政课实践教学基地是指高校与爱国主义教育基地、城市社区、农村乡镇、工矿企业、社会服务机构等单位签约共建的大学生思政课实践教学活动相对固定的场所。思政课基地实践教学资源指的是教学基地为大学生参观考察、实地调研、劳动锻炼、现场参与、共同研讨等各种实践教学方式所投入的一切

① 葛振纲：《思政课实践教学资源整合路径的构建》，《经济师》2015 年第 8 期。

人力、物力、财力和信息等资源。通过基地的实践教学活动，同学们贴近了生活、贴近了社会、贴近了现实，提升了对马克思主义理论的认同感，增强了认识社会、分析社会以及解决各种问题的能力。同时，教学基地为实现大学生"实践教学全覆盖"提供了重要保障。因此，开发利用好基地实践教学资源，对于提升大学生的整体素质、引导其树立正确的世界观、人生观、价值观具有重要意义。

大学生"三下乡"实践教学资源主要指大学生在传播先进文化和高科技、体验基层民众生活、调研基层社会现状的过程中，广大农村所提供的空间舞台和活动场所。通过一系列实践活动，大学生们了解了国情、社情、乡情，提高了社会实践能力和综合素质，增强了社会责任感和历史使命感。

四、健全组织管理保障机制

如同思政课理论教学的组织管理一样，实践教学的组织管理也需要精心设计、合理安排。从某种程度上说，实践教学是一个把实践教学方案变为具体教学活动的复杂过程，需要学校领导、教务部门以及指导教师的有效配合。因此，思政课实践教学的组织管理就是为了有效地配置学校的有限资源，确保思政课实践教学的顺利开展。

（一）设置高校思政课建设领导机构，保证了实践教学的有效落实

思政课实践教学除了需要科学的设计、规范的大纲、合理的方案之外，还需要依托组织机构去实现。自"05 方案"实施以来，安徽医科大学为了贯彻落实中宣部、教育部关于加强和改进思政课建设的文件精神，先后出台了《关于成立安徽医科大学思想政治理论课和形势政策课教育教学工作领导组的通知》（党字〔2005〕69 号）、《关于调整安徽医科大学思想政治理论课教育教学工作领导组的通知》（校教字〔2009〕17 号）、《关于调整安徽医科大学思想政治理论课建设工作领导组的通知》（党宣字〔2016〕21 号）等文件，并成立了思政课教育教学工作领导组，校党委书记任组长，分管思政课教育教学的校党委副书记担任常务副组长，分管学校教学工作的副校长任副组长，成员由校思政部负责人、校党办主任、组织部长、宣传部长、教务处长、科技处长、人事处长、财务处长、学生处长、团委书记担任。思政课教育教学工作领导组的成立，使学校在政策制定、财力投入、人员配备、资源供给等方面为思政课实践教学提供大力支持，确保思政课实践教学的有效执行。

（二）实行校领导负责制，实践教学纳入了顶层设计

为了保证思政课实践教学的实施，高校要以《教育部新时代高校思想政治理论课教学工作基本要求（教社科〔2018〕2号）》为指导，真正落实学校党委统一领导、主管校领导负责制，才能确保思政课实践教学纳入顶层设计，确保在学校发展规划、经费投入、公共资源使用中优先保障思政课建设，在人才培养、科研立项、评优表彰、专业技术职务评聘等方面优先支持思政课教师，真正落实思政课在学校教育教学体系中的重点建设地位。

第四章　社会实践教学活动

高校思政课的实践教学，是教育部提出的新时代思政课教学工作的基本要求，是深化思政课教学改革、提升学生主体地位和创新思维能力的重要环节。近年来，安徽医科大学思政课实践教学依托课堂实践教学、校园实践教学、教学基地实践教学、暑期“三下乡”实践教学以及利用节假日开展的实践教学，逐步形成了思政课“课堂实践、校园实践、基地实践、‘三下乡’实践、节假日实践”五位一体的实践教学活动，基本实现了思政课实践教学全覆盖。本章主要从以上这些方面阐述2017年以来安徽医科大学思政课社会实践活动情况，以彰显本校思政课“实践教学全覆盖”的特色。

第一节　课堂实践教学活动

2017年以来，安徽医科大学在“原理”“概论”“纲要”“基础”4门思政课的课堂实践教学中，主要以讨论、辩论、课堂论坛一刻钟等形式来开展活动。

一、“原理”课程开展的课堂实践教学活动

“原理”课教师在讲授“马克思主义的当代价值”与“认识与实践”时，开

展了“马克思主义与生活”的主题讨论。讨论中，同学们认为马克思主义仍然是我们这个时代的主题。它不仅是中国特色社会主义建设的指导思想，而且与我们的现实生活、大学生活息息相关。现将2017级临床医学专业部分同学讨论发言的情况与大家分享。

马克思主义离我们并不遥远

琚博宇同学在发言中说道，大学生是一个非常特殊的群体，大学时代是人生的黄金阶段。在这段黄金岁月里，我们会有一些关键性的变化。大学时代是我们价值观以及信仰形成的重要时期：这个时期承载了我们太多的东西，掌握牢靠的专业知识，学会好坏、真假、善恶的判别，谋划、设想美好的未来……这是一段永远难以忘怀的、积蓄着多种潜力的美好时光。

通过近半学期对“原理”课程的学习，我深刻体会到马克思主义是武装我们青年大学生头脑的必备武器，是培养大学生理性思维的绿色通道；同时，学习马克思主义有助于我们正确看待生活中遇到的各种问题，培养我们的创新思维以及提升我们的实践能力。马克思主义既是一种信仰，又是我们生活的指南。它指导我们树立科学的理想信念，对我们世界观、人生观、价值观的形成具有重要的作用。就如老师在之前课上说的那样，虽然马克思逝世已有很多年，但马克思主义并没有过时，它影响到我们当代大学生活的方方面面。例如“实事求是”对我们的影响。我认为一切从实际出发，就是要做到实事求是，脚踏实地。作为一名新时代的大学生，坚持和弘扬理论联系实际的学风，是学习的基本态度和方法。我们应该根据自己的学习情况，坚持从实际出发，走好大学生活的每一步，踏踏实实地学习每门专业课程。毛泽东同志说过：“马克思和恩格斯，同样地列宁和斯大林，他们对于应用辩证法到客观现象的研究的时候，总是指导人们不要带上任何的主观随意性，而必须从客观的实际运动所包含的具体的条件，去看出这些现象中的具体的矛盾、矛盾各方面的具体的地位以及矛盾的具体的相互关系。我们的教条主义者因为没有这种研究态度，所以弄得一无是处。我们必须以教条主义的失败为鉴戒，学会这种研究态度，舍此没有第二种研究法。”① 因此在课堂上，我要认真学习把握好自己，做自己应该做的事，不能本末倒置，更不能背离该阶段的学习要求；同时，学习专业理论知识要灵活，学会将理论运用于

① 《毛泽东选集》第1卷，人民出版社，1991年版，第319页。

实践，做到举一反三，防止和反对教条主义，对于书本知识我们不能照本宣科，简单地、机械地套用“本本”和字句，也不能停留在文章的表面，要深入其内涵、了解其实质，真正理解掌握专业知识。总而言之，大学时代是我们人生的重要时期，是我们人生的转折点之一，是我们提高自身修养、增长学识、提升能力的关键时期，更是我们树立正确世界观、人生观、价值观的黄金阶段。在我们的成长过程中，我们需要一种构成自我坚实基础的约束力和信仰，而马克思主义哲学正是这样的一种约束力和信仰。

马克思主义使我们学会生活

秦列炀同学将中学与大学时期的不同经历相比照，谈到了马克思主义在现实生活中的价值。他说：在高中时，我是一名理科生，对于马克思主义这个概念非常模糊，感觉它既深奥又难懂；但是真正学习马克思主义之后，我发现平时我们对待日常生活中的事情所遵循的实事求是、一切从实际出发等原理都是马克思主义的重要内容。

还记得第一次上“原理”课程的时候，老师问我们现实生活的指导思想是什么，大家想回答是马克思主义但又不敢回答。我想可能是因为我们还没有真正地了解马克思主义，所以才没有底气说出来。后来老师说马克思主义是我们社会主义建设的指导思想，马克思主义必然与我们的生活息息相关。

自从听过老师所讲内容之后，我就留意身边发生的事情，并努力将它们与马克思主义联系在一起。回想起一年多的大学生活，可以说，马克思主义就在我们身边，时时指导着我们的生活。自从迈入安徽医科大学的校门，互不认识的天南海北的学子怀着美好的憧憬走到了一起，组成了一个班级，成了亲密的同学，大家每天一起晨练、上课、吃饭、休息。马克思主义的普遍联系观点使我认识到了生活中的辩证法。“人是一切社会关系的总和”①。事物联系的多样性，大千社会的复杂性，使我们的大学生活五彩缤纷，梦想、规划、考研、当医生、当公务员……为了这些，有些同学认为应该锻炼自己、提升能力，入社团、进协会、竞选班干；有些同学认为大学好好学习更重要，因此每天认真看书、刻苦学习、考好成绩、拿奖学金。我刚进入大学的时候就加入了学院学生会体育部，学到了如何与人相处、如何合作、如何做好自己的工作等。从自己的懵懂少知，到成长、

① 《马克思恩格斯选集》第1卷，人民出版社，1995年版，第56页。

进步，还有在处理突发事件上的从容镇定，这一切都来源于马克思主义的世界观和方法论，正是它指导着我健康快乐成长。

马克思主义在现实生活中的生命力

杨芙蓉同学认为，马克思主义之所以能够拥有绵延历久的生命力，就在于它立足于现实并根植于现实生活，同时随着社会历史的不断前进而与时俱进。

在高中时期，我们被灌输的思想就是熬完中学、考上大学，生活就会立刻变一个模样，再也没有写不完的作业、上不完的课，不用每天带着一双熊猫眼昏昏欲睡，可以无所顾忌地睡懒觉，待在宿舍里看手机、玩电脑、逛淘宝，随心所欲，自由自在，这是当时美好的想象。但是，一年多大学的实际生活带给我们的认识是：做不完的实验、写不完的报告、上不完的课，依旧每天睡不醒，还有早操、早读。从星期一排到星期天的课表，完全没有想象中的那种自由。这就告诉我们一个真理：人们的正确认识只能从实践中来，唯有亲身经历的正确认识，才有现实的可信度。“你要知道梨子的滋味，你就得变革梨子，亲口吃一吃。”[①] 虽然大学生活和以前在脑海里形成的印象不完全一样，但是通过大学的学习和生活锻炼，我逐渐认识到医学生的学习任务十分艰巨，必须全力以赴努力克服困难，完成学习任务，并在“实践—认识—再实践—再认识”循环反复的过程中不断前进、乘风破浪。

马克思主义与我们的生活息息相关

章可辉同学在发言中谈道，在中国，马克思主义可谓是家喻户晓。然而如果要全面深刻地学习掌握马克思主义并不是一件轻而易举的事情。在刚刚接触“原理”这门课程的时候，书本上烦冗的语句让我摸不着头脑、辨不清方向。但老师在课堂上生动贴切、以实例论证的授课让我对马克思主义渐渐有了较为深入的了解，我慢慢认识到马克思主义离我们并不遥远，它与我们的生活息息相关。

量变产生质变，微小的东西经过长时间的积累，也会形成庞然大物。沧海桑田、水滴石穿的故事，无不显示着质量互变规律的含义。爱迪生说过：天才是百分之一的灵感和百分之九十九的汗水。因此，我们对待学习，无论何时何地，都

① 《毛泽东选集》第1卷，人民出版社，1991年版，第287页。

要在怀揣梦想之余，更需要不断努力；只有不断努力，才会有一天破茧成蝶，发生质的变化。大家都知道书圣王羲之的字入木三分，却不知道为了拥有这样的好字，他每天洗笔的墨水都将池水染成了黑色。进入大学之前，站在讲台上发言是我想都不敢想的事，颤抖的双腿使我不知所云、胡言乱语。进入大学后，我抓住每一次机会上台发言，院里组织的演讲比赛、思政课老师课堂上的讨论活动，我都无一例外地参加。功夫不负有心人，现在的我已经发生了质的改变，上台之前心跳不再那么慌乱，站在台上，我的双腿也不再颤抖，就算不用过多的准备，我也能够流利地表达自己的观点，忘词等尴尬的场面早已成了过去式。

我认为，马克思主义最可贵的观念之一就是它的批判性。在反对各种迷信思想和独断论的时候，马克思主义总是能够击中问题的要害。而它之所以有这种批判力的原因就在于它对问题的分析力求从不同的角度进行，而每一个角度都扎根于现实生活。这样，它就能够从现实的角度获得多方面的信息，充分认识到事物的可取之处和哪些方面的不足，再给予进一步的思考和解决，结合现实中可能出现的种种不确定因素，全面而系统地进行总结、概括，从而找出解决问题的方法。这样的批判性不是空泛的高谈阔论，而是细致的现实分析，这样才能彰显出它的生命力。

马克思主义与生活息息相关，它们是有机的整体，相互联系、密不可分。马克思主义从现实生活中获得了历久弥新的生命力。

论辩证法与矛盾观对当代大学生的影响

郑普航同学认为，马克思主义虽然产生于100多年前，但仍然对我们今天的生活有着重大影响。对于我们大学生而言，我认为其中辩证法与矛盾观尤为重要。

就辩证法而言，它赋予我们从不同的角度去思考所遇到问题的能力。对于充满青春热血的年轻人而言，辩证法可以让我们更加理性清楚地去分析我们碰到的事情，从事物、问题各方面的联系中去多角度思考，做出较为全面、准确的判断。同时，在我们做错事情之后，辩证法又可以让我们有一个更好的心态去看待我们所遇到的问题，更加全面地分析产生错误的原因，以及以后我们怎么样去避免它。

大学是我们即将走向社会的一个预备期，在这里我们将遇到很多意想不到的困难。我们以辩证思维的方法来分析问题、解决问题，避免错误的发生，或者在错误发生之后用辩证法的思维指出错误的根源，从而能使我们从失败中获得经验教训。我们的大学生活是美好的，但矛盾也时有发生，我们时常纠结大学究竟是玩乐好还是学习好。似乎很多人都想把这两个方面分清楚，认为只有玩乐型或者学习型。确实，二者是矛盾的对立面。但从辩证法观点来看，它们既是矛盾的对立面，同时又具有统一性，是相互联系、相互促进、相互转化的两个方面。在大学生活中，我们不应该只做一个只学不玩或者光玩不学的学生，应该在学习的同时收获乐趣，在玩乐的同时学习到我们应该学习的东西。

其实，马克思主义的指导不仅仅体现在大学生活中，它对我们今后的人生同样有着重大的影响。我们应该学会自觉用马克思主义的辩证法和矛盾观看待、分析我们遇到的事情，学会学习、学会工作、学会生活。

实践出真知

章雨晨同学在发言中说，本学期通过“原理”课程中“认识世界与改造世界”内容的学习，相信大家都对“认识与实践”有了一个基本的了解。实践是认识的基础，“认识的任务不仅在于解释世界，更重要的在于为改造世界提供理论指导，实现主观与客观、实践与认识的统一。”① 那么如何使认识与实践的观点服务于我们的社会生活呢？我认为可以从个体与社会发展两个角度来进行说明。

就拿我们大学所学专业来说，在一年多的大学生活中，我们已经学习到不少的理论知识。但掌握这些理论不是最主要的，根本的是如何能够将掌握的知识运用到实际生活中去指导我们的实践。身为当代大学生，我们在牢固掌握理论的同时，也应广泛参与社会实践活动，充分发挥自己的主动性和创造性。我们可以在实践过程中认识到自己的缺点与不足，进而使自己的认识发生质的飞跃。

从社会发展的角度来说，马克思主义中国化就是对马克思主义基本理论真理性的验证过程。马克思主义哲学是时代精神的精华，是在实践中不断发展着的科学思想。马克思主义之所以具有强大的生命力，就在于它是时代精神的反映。每个时代都有自己的发展主题、任务及精神需求，它渗透在这个时代的各个领域里。马克思主义之所以能指引着社会主义前进、推动文明进步，是因为它自觉地植根于社会实践的“肥沃土壤”，不断地从现实生活中吮吸自己的“生命之泉”，

① 《马克思主义基本原理概论》，高等教育出版社，2018 年版，第92-93 页。

随着时代主题的转换不断更新、丰富和发展自身，科学地回答了时代在不同阶段提出的重大问题。马克思主义一百多年来一直保持着勃勃生机，就是因为它始终与时代、社会实践的发展相一致。

二、“概论”课程开展的课堂实践教学活动

在“概论”课程开展的课堂实践教学活动中，授课教师主要以阅读文献资料或观看影片视频等形式，让同学们通过讨论或辩论的方式谈体会、感受。这里选列2017级、2018级部分学生学习“概论”课程时的讨论或辩论选题及要求。

（一）讨论主题：我对社会主义根本任务的看法

授课年级：2017级影像学专业

阅读材料：《毫不动摇坚持和发展中国特色社会主义》（节选），《人民日报》，2013年1月6日；《习近平在庆祝中国共产党成立95周年大会上的讲话》，《人民日报》，2016年7月2日。

讨论要求：社会主义根本任务是解放和发展生产力，通过课程的学习和有关阅读资料，你有哪些体会和看法，请在小组内讨论后在班级发言。

（二）讨论主题：我对社会主义市场经济的认识

授课年级：2017级卫生管理专业

阅读材料：观看影片《邓小平》。

讨论要求：中国的经济能够在几十年内发生巨大变化，有一个重要原因就是进行了经济体制改革，实现了由计划经济向市场经济的转轨。我们一起看看为中国经济作出重要贡献的伟人的事迹，从而了解市场经济在中国特色社会主义建设中的意义。

（三）讨论主题：我对人民代表大会制度的认识

授课年级：2017级法学专业

阅读材料：以美国为代表的三权（立法、行政、司法）分立，相互制衡的总统制民主共和制政体；以英国、日本为代表的分权制衡的议会制君主立宪制政体；以德国为代表的分权制衡的议会制民主共和制政体。

讨论要求：在这次实践教学中，教师将引导学生对不同国家的国体和政体以及权力运行的原则进行分析和对比，在分析和比较中深刻体会以民主集中制为原则的人民代表大会制度，是中国人民历史的选择，具有无可比拟的优越

性。发展社会主义民主政治，必须坚持和完善人民代表大会制度，不能照搬西方国家的政治制度。讲解结束后，请学生在小组内进行讨论，然后每组派出代表进行交流。

（四）讨论主题：我看中国的改革开放

授课年级：2018 级预防医学专业

阅读材料：视频《致敬改革开放四十年》。

讨论要求：改革开放四十多年来，中华大地发生了翻天覆地的变化，从根本上是因为我们坚持了中国共产党的领导，开辟了中国特色社会主义道路，形成了中国特色社会主义理论体系。请同学们收集网络上最能反映改革开放变化的图片，进行集中评比、交流。

（五）讨论主题：我看以民生为重点的社会建设

授课年级：2018 级医学检验专业

阅读材料：《以改善民生为重点的社会建设》，青连斌著，西南师范大学出版社、人民出版社，2009 年 11 月版。

讨论要求：《以改善民生为重点的社会建设》从贯彻落实科学发展观的高度，对保障和改善民生的一些突出问题，主要包括建立覆盖城乡居民的社会保障体系、发展医疗卫生事业、加强住房保障制度建设、发展教育事业着力解决上学难和教育不公平问题、统筹城乡公共基础设施建设、加强流动人口的管理和服务、确保食品安全以及努力增加城乡居民收入等方面进行了专题性探讨，有助于帮助我们理解当今中国的社会建设工作，请同学们认真阅读。

（六）辩论主题：社会收入分配中的公平与效率哪个更重要

授课年级：2018 级法学专业

辩论正方：社会收入分配中公平更重要

辩论反方：社会收入分配中效率更重要

阅读材料：

2011 年到 2018 年居民收入、企业和政府收入在国民收入中的比重变化比较，以及居民收入比重下降产生的影响；近几年尤其是世界金融危机爆发以来我国出台的一系列减免农业税、提高个人所得税起征点的措施。

辩论要求：收入分配上注重公平，是社会主义分配原则的重要体现，充分体现了社会主义制度的优越性，也是社会主义经济制度与资本主义经济制度相区别的显著标志之一。把握好这一问题，有利于学生全面地理解我国的收入分配问题，同时进一步提升对构建社会主义和谐社会的认识。但是随着中国的快速发展，对于收入问题的讨论也越来越多，今天我们就通过辩论的方式，把这一问题越辩越明。

三、“纲要”课程开展的课堂实践教学活动

为落实立德树人的根本任务，切实提升思政课育人的质量和效果，“纲要”课开展了以新民主主义革命、党的领导和爱国主义教育等为主题的多种形式的课堂实践教学活动。这里选取部分班级课堂讨论的活动主题，以供大家交流。

（一）讨论主题：如何评价辛亥革命

授课年级：2018 级临床医学专业

阅读材料：线上参观辛亥革命武昌起义纪念馆。

讨论要求：在孙中山民主革命思想的旗帜下集结起来的湖北革命党人，蓄势既久，为天下先，勇敢地打响了辛亥革命的“第一枪”，并一举光复武昌。次日在此组建“中华民国”军政府鄂军都督府，推举湖北新军协统黎元洪为都督，宣告废除清朝宣统年号，建立“中华民国”。随即，辛亥革命领袖之一黄兴赶赴武昌，出任革命军战时总司令，领导了英勇悲壮的抗击南下清军的阳夏保卫战。武昌起义赢得全国响应，260 余年的清朝统治顿时瓦解，2000 多年的封建帝制随之终结。请同学们认真开展线上参观，撰写感想并分组讨论交流。

（二）讨论主题：中国为什么选择共产党的领导

授课年级：2018 级康复医学专业

阅读材料：观看影片《建党伟业》《建国大业》。两部影片是为了纪念建党 90 周年和建国 60 周年而拍摄。《建党伟业》采用纵向叙事手法，展现了从 1911 年辛亥革命后到 1921 年中国共产党成立前这段时间内的历史故事与风云人物。《建国大业》从重庆谈判开始，围绕着第一届中国人民政治协商会议召开前后，以毛泽东同志为首的中共中央在 1948 年发布纪念“五一”劳动节口号进行创作。

讨论要求：中国共产党在成立初期，全国党员很少，却被历史和人民所选择。中国共产党人正确把握了近代中国的特殊国情，揭示了中国革命的独特规律。请同学们认真观看《建党伟业》《建国大业》影片后撰写观影感受并交流讨论。

四、“基础”课程开展的课堂实践教学活动

开展实践教学是提高“基础”课教育教学效果的有效途径。授课教师根据“基础”课的课程特点、教学要求，开展了阅读文献、观看视频、聆听讲座、畅谈感想等多种形式的实践教学活动。此处选取部分班级开展课堂讨论的活动主题，以供大家交流。

（一）讨论主题：中国特色社会主义法律体系的特色

授课年级：2019 级法学专业

阅读材料：中国特色社会主义法律体系系列讲座网站。

讨论要求：为深入学习贯彻党的十八大、十八届三中、四中全会和习近平总书记的系列重要讲话精神，全面推进依法治国，司法部、全国普法办、中央组织部党员教育中心制作了《中国特色社会主义法律体系系列讲座》。我们从中选取几个专题进行学习讨论，为我们正确理解中国特色社会主义法律体系提供权威、专业的指导。同学们学习这些讲座之后，讨论交流一下中国特色社会主义法律体系具有哪些特色。

（二）讨论主题：生态文明建设与法律的关系

授课年级：2019 级护理专业

阅读材料：生态中国网和中国生态文明网。

讨论要求：生态文明建设是一项利国利民的大事业，它关系到人民的切身利益，更关乎整个中华民族的永续发展与繁荣。在协调推进“四个全面”战略布局的新时代，我们要以完善的法律制度保障生态文明建设的顺利开展。根据阅读材料，同学们写一篇不少于 800 字的发言提纲并在班上讨论交流。

（三）讨论主题：全面深化改革与依法治国

授课年级：2019 级卫生管理专业

阅读材料：《习近平关于全面依法治国论述摘编》，中央文献出版社，2015 年 4 月版；《更加注重发挥宪法重要作用　把实施宪法提高到新的水平》，《人民日报》，2018 年 2 月 26 日。

讨论要求：了解中国法治建设的现状，树立基本的法治理念，使同学们进一步提高自己对法律知识的熟悉程度，为全面依法治国贡献力量。依据 2 篇阅读材料，每人提交一份不少于 1000 字的发言稿，并从中遴选 20 名同学作讨论交流。

第二节　校内实践教学活动

校内实践教学活动是指思政课教师在课堂外、学校内实施的实践教学活动，诸如在图书馆、校史馆、学术报告厅、学生宿舍等特定场所进行的读经典、看展览、举办演讲比赛、作专题报告等教学活动。校内实践教学活动是思政课社会实践教学活动的重要组成部分。

一、读书报告会

（一）“读经典、谈感想”读书报告会

授课年级：2016 级临床医学（儿科学）专业

1. 精读文献

马克思、恩格斯：《共产党宣言》；列宁：《马克思主义的三个来源和三个组成部分》。

2. 读书报告的要求

每名同学就统一布置的文献写一篇不少于 3000 字的读书报告。

读书报告内容要求包括两部分：一是概述所有指定文献的主要内容（最少 1500 字）；二是选择其中一篇谈谈自己的学习体会（理论联系实际，最少 1500 字）。

（二）“正确认识我国社会主要矛盾的新变化”读书报告会

授课年级：2017 级临床医学（5+3）专业

1. 精读文献

毛泽东：《矛盾论》；毛泽东：《关于正确处理人民内部矛盾的问题》；习近平：《决胜全面建成小康社会　夺取新时代中国特色社会主义伟大胜利——在中国共产党第十九次全国代表大会上的报告》。

2. 读书报告的要求

每名同学就统一布置的文献写一篇不少于 3000 字的读书报告。

（三）“读经典、谈体会”读书报告会

授课年级：2016 级影像学、麻醉学专业

1. 精读文献

马克思：《青年在选择职业时的考虑》

2. 读书报告的要求

每名同学就统一布置的文献写一篇不少于3000字的读书报告。

二、演讲比赛

演讲是以有声语言为主要手段，以体态语言为辅助手段，针对某个具体问题，鲜明、完整地发表自己的见解和主张，阐明事理或抒发情感，进行宣传鼓动的一种语言交际活动。演讲比赛能够培养大学生的综合素质，增强其交往能力，同时有益于大学生正确世界观、人生观、价值观的培养。演讲比赛是安徽医科大学团委和马克思主义学院经常开展的一项社会实践活动。

（一）演讲主题：青年学生如何将自己培养成为中国特色社会主义事业的合格建设者和可靠接班人

演讲对象：2018级法学专业

演讲比赛目的与要求：历史和现实都告诉我们，青年一代有理想、有担当，国家就有前途，民族就有希望。作为青年的我们需要思考在大学阶段如何锻炼自己，如何实现梦想，成为中国特色社会主义事业的合格建设者和可靠接班人。组织者对于演讲表现优秀的同学进行充分肯定，并对学生的理想信念、价值观做积极和正面引导，进而激发同学们对实现理想的积极性、主动性和创造性。

（二）演讲主题：我的中国梦

演讲对象：全校大学生

安徽医科大学“我的中国梦”人人演讲活动始于2013年。每年10月的初赛，大一年级新生以班为单位，开展“我的中国梦”主题人人演讲比赛，在人人演讲的基础上，选出优秀选手至学院参加复赛。复赛中胜出的选手，最终参加校团委组织举行的“我的中国梦”主题演讲决赛。

“我的中国梦”人人演讲活动虽然每年主题相同，但是因为不同的时间节点，围绕特定的重大事件，每年都有新内容、新气象，富有教育意义，已经成为思想政治教育的特色品牌。2020年，人人演讲活动以“我的中国梦——不忘初心，牢记使命”为主题，讲述对“初心使命”的理解，大力弘扬伟大抗疫精神，将朴素的爱国之情升华为对中国特色社会主义制度的深度价值认同和对“听党话、跟党走”口号的生动青春实践。学校针对活动举办了演讲和职业规划专题培训，马克思主义学院的教师深入班级进行了理论宣讲和辅导，各级团组织也积极举行了主题团日活动。

“中国梦是国家的梦、民族的梦，中国梦也是我的梦。我愿意为社会和谐和发展作出更大的贡献，我愿意为帮助人民远离病痛出一份力，我愿意为国家的发展提供坚实的后援。”口腔医学院学生郑全在演讲中表达了自己的心声和梦想。

“我的中国梦”人人演讲活动已成为安徽医科大学开展大学生思想政治教育的生动载体，学生在活动中表达的心声、展示的风采，与自己所学的专业息息相关，生动体现了新时代医学生的责任担当、家国情怀和时代梦想。

三、校史馆让大家了解老东南的那些人和事

观摩学习：爱国主义与民族复兴

授课年级：2019 级法学专业

实践形式：参观安徽医科大学校史馆+参观感想

安徽医科大学从创办伊始就以救国救民为己任。经历了 96 年（1926—2022 年）的薪火相承，安徽医科大学已由单科的医科专业发展成为涵盖医、理、法、管理等多科协调发展的省属重点医科大学。校史馆里面的各种展览已经把安徽医科大学 90 多年来的光辉历史展示出来。站在新的历史起点上，我们更要继承“爱国爱民、献身人类健康”的光荣传统，秉承“兴国、奉献、仁爱”的育人理念，进一步弘扬“好学力行、造就良医”的校训精神，大力倡导“求真、求精、求新”的优良校风学风，培育具有时代特征和学校特色的大学精神和大学文化，提升办学水平、服务水平，办人民满意的高水平教学研究型医科大学，为安徽省乃至全国医疗卫生事业的发展，为提高人民的健康水平作出更大的贡献。郭琦元先生曾说，在新的历史时期，作为医学院校，面对着经济全球化和高科技的飞速发展，要承担起新的历史使命，医学教育应该认真思考如何把握“育人”和“服务”两大根本任务。这就要求我们必须融汇科学与人文精神，孕育关怀生命之诚意，把握治学、育人、行医理应具有的精神内涵和处事准则。

参观校史馆，回顾安徽医科大学的辉煌历史，缅怀老东南的那些人和事，其目的就是要了解安医大的发展过程，增进青年学生对学校良好的教育教学传统的认知，激发同学们的学习创新精神，从而担当起大国“良医”的历史重任。

第三节　教学基地实践活动

2017年以来，安徽医科大学积极开拓思政课实践教学基地，拓宽大学生认识和了解社会的舞台，通过思政课教学基地建设，既使其成为教师丰富教学资料和素材，提升教学效果，增强教学亲和力、吸引力和感染力的重要手段，又成为大学生增强感性认识，深入了解社情、国情，开阔视野的重要途径。安徽医科大学经过实地考察和论证，自2008年以来，先后与11个单位签订了共建大学生思政课社会实践教学基地协议。本节主要列举安徽医科大学部分大学生在这些教学基地进行实践活动的情况，以探讨思政课教学基地开展实践育人的意义。

一、包产到户发源地带给同学们“敢为天下先”的启示

位于安徽省合肥市肥西县山南镇的小井庄在1978年率先实行包产到户，获得前所未有的大丰收，开启了中国农村改革的序幕。小井庄中国农村包产到户纪念馆的建立为学生理解改革开放政策提供了生动的教材。

2017年12月30日，马克思主义学院“原理”教研室教师带领200名学生赴小井庄实践教学基地开展实践教学活动。

通过基地工作人员现场教学和参观相关场所，大学生领悟到如下基本原理：第一，小井庄人之所以自发地要分田到户，主要是因为当年的大旱使稻子颗粒无收，逼着他们抓紧农时借地种“保命麦”，包产到户，搞责任田。这彰显了一个基本原理，那就是实践的需要是制度变迁及其理论发展的第一号令，而身处实践第一线的广大人民群众的首创精神是改革的智慧源泉，必须充分尊重人民群众的首创精神。第二，小井庄人当年分田到户的做法，直接针对了“大锅饭”的制度弊端，尊重了当时较低的生产力水平及其对人们思想观念限制的客观现实，切中了问题所在。这也体现出“实事求是”是我们改革发展必须遵循的基本法则，实践变化了，改革的办法也要随之变化。

二、渡江战役纪念馆和安徽名人馆述说的英模事迹

渡江战役纪念馆位于合肥市滨湖新区最南端，是全国爱国主义教育示范基

地。纪念馆外有领导人群雕、胜利之师雕塑、伟人雕塑广场、解放广场、胜利广场、胜利塔等。渡江战役纪念馆内陈列了反映渡江战役的200余幅图片、部分实物，还有运用声光电技术手段进行的场景复原，生动形象地展现了当年军民革命斗争的情景。

安徽名人馆位于合肥市滨湖新区，整体坐落在草坡高台上，象征安徽名人扎根安徽大地。馆内分为地上3层、地下1层，建筑面积共约4.3万平方米，建筑风格融合徽派建筑与皖南建筑气息。第一层为人物雕塑，形象逼真，富有立体感；第二层展现了安徽古代史，按照时间脉络，仿佛为我们打开一幅历史长河的画卷；第三层展现了安徽一些画派与文派，如新安画派与桐城三大派，以及安徽的一些政治名人。展厅分为8个，每个展厅都有相应的主题。

2017年5月21日，安徽医科大学马克思主义学院“纲要”课程授课教师，带领2016级临床医学整合班和影像学专业学生前往渡江战役纪念馆和安徽名人馆开展社会实践教学，接受传统文化教育和爱国主义精神教育。在渡江战役纪念馆，同学们沿着纪念馆的中轴线，依次参观。同学们一边认真观看，一边聆听讲解员关于渡江战役的背景、进程及其历史意义的详细解说。通过本次的社会实践教学，师生们共同感受到了安徽文化和名人的魅力，以及革命成功的来之不易，进一步增强了历史责任感、培养了爱国主义精神。

三、“中国第一将军镇”带给同学们的心灵震撼

安徽省六安市裕安区独山镇被称为将军镇，该镇一共走出了16位开国将军，是中国革命的策源地之一，享有“中国第一将军镇”之美誉。该镇有独山革命旧址群、邓小平同志亲笔题字的六霍起义纪念塔和六霍起义纪念馆。

2018年10月26日，安徽医科大学马克思主义学院思政课社会实践教学基地挂牌签约仪式在六安市独山镇举行。这一社会实践教学基地的挂牌成立标志着马克思主义学院思政课社会实践教学模式的成熟和完善。参加此次签约仪式的思政课教师带领同学们参观了六霍起义纪念塔和六霍起义纪念馆。纪念塔上面的雕像和题词、纪念馆里面的展品和肖像等都吸引着同学们驻足观看，带给他们很大的心灵震撼。同学们纷纷表示这次实践教育活动很有意义，增强了爱国主义的情怀，是一次洗涤心灵、升华灵魂的过程。新时代的大学生要始终不忘革命先烈为实现人民解放而抛头颅、洒热血的丰功伟绩；要始终继承和发扬优良革命传统，坚定理想信念，以习近平新时代中国特色社会主义思想武装自己的头脑，勇做有

理想、有本领、有担当的中国青年。

四、安徽博物院传承的历史文明与徽文化

安徽博物院现为一院两馆运行模式。老馆位于合肥市安庆路 268 号，展陈大楼为仿苏式建筑，2013 年入选第七批全国重点文物保护单位，常设展览有“安徽革命史陈列”“安徽古生物陈列”“安徽好人馆”等。新馆位于合肥市怀宁路 268 号，建筑造型体现了五方相连、四水归堂的徽派建筑风格，2011 年 9 月 29 日建成并对外开放。

2009 年 5 月 26 日，安徽医科大学马克思主义学院与安徽省博物馆举行共建大学生思政课社会实践教学基地揭牌仪式。揭牌仪式后，学院领导、部分思政课教师带领参加揭牌仪式的部分党员、学生干部以及其他同学参观了安徽省博物馆。通过参观学习，同学们不仅对安徽省的文化文明史有了比较清晰的认识，而且还对徽派建筑和“文房四宝”等有了进一步的了解，领略到了“无梦到徽州”的境界。

五、李克农将军故居及纪念馆和蜀山烈士陵园的爱国主义教育

2017 年 10 月 14 日，安徽医科大学马克思主义学院“纲要”教研室开展思政课实践教学活动，组织部分师生参观“国家安全教育基地”“安徽省爱国主义教育基地”和“安徽省廉政教育基地”——巢湖市李克农将军故居及纪念馆。师生们认真听取讲解，参观纪念馆及故居，了解李克农将军的传奇性革命勋业，缅怀革命前辈风范。这次实践教学活动，是一次深刻的革命传统教育，激励师生共同努力，为实现中华民族伟大复兴中国梦而奋斗。

2018 年 9 月 28 日，安徽医科大学马克思主义学院“原理”教研室组织 200 余名本科生到合肥市蜀山烈士陵园开展“缅怀先烈，做新时代社会主义建设者和接班人”的实践教学活动。活动分为集体默哀、学生代表发言、教师代表发言和参观安徽革命烈士事迹陈列馆等 4 个环节进行。此次实践教学活动，使同学们更加体会到新中国成立的不易以及革命烈士为了科学的信仰信念甘愿牺牲的壮举，也为同学们树立正确的世界观、人生观和价值观而增添动力，激励同学们为中华民族伟大复兴中国梦而努力学习。

通过上述开展的思政课实践教学基地实践活动，同学们不仅学到了课堂上学

不到、悟不深的相关知识和理论，还能进一步提升家国情怀。可见，思政课实践教学是巩固加深理论知识的有效途径，有助于大学生形成正确的世界观、人生观和价值观。实践教学活动也有助于大学生在新时代以革命先烈为榜样，坚定理想信念，砥砺前行，不忘初心、牢记使命，好学力行，以便将来全心全意为患者服务，为国家富强、民族复兴和人民幸福贡献自己的力量。

第四节　暑期“三下乡”社会实践活动

安徽医科大学思政课社会实践教学活动，不仅包括课堂实践教学活动、校园实践教学活动、实践教学基地实践活动等主要形式，还包括暑期“三下乡”社会实践活动、节假日社会实践活动等特色形式。暑期“三下乡”社会实践活动、节假日社会实践活动作为思政课实践教学的重要组成部分，对促进思政课实践教学、提升实践育人水平及效率、提高大学生创新意识和协作能力等意义重大。

大学生暑期“三下乡”活动是指“文化、科技、卫生”下乡，是高校在暑期开展的一项意在提高大学生综合素质的社会实践活动，同时也是思政课实践教学活动的重要形式。安徽医科大学高度重视大学生暑期“三下乡”活动，在2017、2018、2019三年中每年组织50多个团队参与“三下乡”工作，每队约40人，每年共2000多人参与此项活动。在安徽医科大学团委每年组织的50多个团队中，其中部分团队的实践活动主题由马克思主义学院命题并由思政课教师带队负责实施。马克思主义学院负责或参与组织的“三下乡”活动范围主要在思想理论宣传、“良医”社会实践服务、社会调查和志愿者服务等方面，从学生参与、社会反馈等多方面反映来看，马克思主义学院组织或参与负责的“三下乡”活动成绩斐然。

一、党的十九大精神知识宣讲

马克思主义学院部分师生先后奔赴安徽利辛、濉溪、萧县等地，开展红色筑梦之旅暨“三下乡”党的十九大精神宣讲活动。在利辛县西潘楼镇东王村和萧县孙圩子乡徐里村，师生们与村干部进行座谈交流，回顾改革开放以来特别是党的十八大以来，党和国家事业取得的历史性变革和历史性成就，帮助基层干部群众准确把握习近平新时代中国特色社会主义思想的核心要义、主要内容、创新观点以及重大意义。

安徽医科大学习近平新时代中国特色社会主义思想宣讲团以“新时代·新思想·新征程”为主题，深入校园、企业、医院、社区等青年密集的场所，开展小规模、互动式、有特色、接地气的面对面交流，积极宣传解读习近平新时代中国特色社会主义思想和党的十九大精神。

二、“良医”行动献爱心

安徽医科大学作为一所省属重点大学，一直把“造就良医”作为学校培养青年学生的目标。马克思主义学院联合第一临床医学院、第二临床医学院等单位开展“良医”社会实践服务即是贯彻这一目标的重要举措。

第一临床医学院“良医”社会实践服务队。学院组织16名来自不同年级专业方向的学生，奔赴安徽萧县永堌镇，开展以“爱心医疗，教育关爱，扶贫结对，点亮微光”为主题的大学生暑期“三下乡”社会实践活动。社会实践团走进敬老院，为院里的老人开展了夏季防暑降温讲座并进行健康知识宣传，还为老人们免费发放防暑降温用品。同时，队员们也为老人们带去了精心准备的节目，形式多种多样，满堂欢声笑语。在此期间，根据提前设计好的问卷，队员们与每位老人进行面对面交流，感受他们的疾苦和欢乐。通过此次尊老敬老之行，同学们不仅践行了对孤寡老人的关爱之宗旨，更收获了快乐和感动。从敬老院出来，在当地乡镇卫生院院长带领下，队员们走进乡镇卫生院，真切了解目前农村医疗卫生改革状况及居民求医问药情况，对基层医疗工作有了初步的认识。

第二临床医学院“良医”暑期社会实践团。团队成员走进留守儿童与困难学生的家庭，志愿者与留守儿童结对帮扶，进行课业辅导、素质拓展、亲情陪护活动；向他们捐赠学习用品，细心观察留守儿童的心理需求和感受，帮助他们缓解对异乡父母的思念之情；组织留守儿童开展“阳光课堂”活动，教习日常健康生活习惯；对农村儿童的营养健康水平进行问卷访查。

三、红色筑梦皖西行

为唱响新时代大学生“心向党、懂奉献”的青春之歌，马克思主义学院联合第一临床医学院、第二临床医学院、口腔医学院等单位开展了青年学子“红色筑梦之旅”的社会实践活动，让同学们感受老区人民的过去与今天，了解老区人民的爱国主义精神与奋斗精神，充分认识当代医学生在实现中华民族伟大复兴之梦中的责任与担当。

第一临床医学院“薪火相传，红色筑梦”健康小分队。实践队 30 名成员深入大别山片区国家级贫困县——安庆市岳西县。团队成员依次参观了平等村白果石斛、竹山中药材和枣树茭白产业扶贫基地。大家共同探讨如何借助新媒体和新技术使团队的“淘宝平台助力扶贫”“青年红色筑梦之旅”项目助力当地精准扶贫和乡村振兴。参观过程中，队员们看到一棵 500 多年树龄的银杏树伫立在“村村通”公路旁，受到当地村民的妥善保护，感受到了人与自然的和谐相处；石斛独特的栽培方式令同学们耳目一新；农民们种植、收获茭白的辛苦与付出让“互联网+”大赛“青年红色筑梦之旅”项目组成员们感慨“谁知盘中餐，粒粒皆辛苦”。村民们因地制宜，以可持续发展观为指导，把握好发展经济与保护生态环境之间的辩证关系，切实践行习近平总书记的“绿水青山就是金山银山”理念。

第二临床医学院红色筑梦皖西行。学院团队一行人参观了安徽省皖西博物馆。皖西地区有着悠久的历史，皖西革命根据地是鄂豫皖革命根据地的重要组成部分，在中国新民主主义革命史上有着重要的地位。瞻仰着一件件饱经沧桑的文物，每一名队员的脸上都写满了庄重。参观结束后，一名队员表示：“红军战士们用过的物品、武器，每一件都诉说着他们为了伟大的理想和事业而奋斗的故事。这段历史时刻提醒着我们要牢记先辈的付出，时刻提醒着我们继承发扬党的优秀传统是我们义不容辞的责任!”

口腔医学院“青年红色筑梦之旅”实践队。实践队赴宿松县汇口镇开展了以“青春心向党　情暖儿童心”为主题的暑期“三下乡”暨“青年红色筑梦之旅”社会实践活动。在为期 3 天的社会实践中，志愿者们积极准备，以口腔科普讲座、口腔健康宣教、口腔健康检查和口腔问卷调查等 4 个方面为主题开展活动。最后，志愿者们拿出牙齿模具和牙刷，手把手传授正确刷牙的方式，既让孩子们感到了新鲜有趣，又让孩子们学习到了口腔护理小知识。活动期间，共有约 120 名儿童接受了口腔健康检查，100 余人接受了口腔问卷调查。志愿者们还向当地居民免费发放牙刷、牙线等口腔保健用品以及儿童学习用品，并有针对性地讲授乳牙恒牙交替期疾病预防知识，获得了村民们的一致好评。

四、“春风十里不如改革有你”历史成就观感

为了使同学们对改革开放历史决策有进一步的了解，马克思主义学院联合其他学院开展了“春风十里不如改革有你”的历史成就社会实践活动。

实践团队前往安庆市潜山市官庄镇，采用实地走访的方式进行调查研究。师生们了解到官庄镇的主要经济支柱为土地流转、大生态园等，以及从2015年开始发展的旅游业，例如桃园和德馨庄产业。官庄镇实行“三位一体”的扶贫政策，以“邻里守望、和谐相处、互帮互助”为原则，将村中鳏寡孤独老人、留守妇女儿童和贫困户等弱势群体精准划分为“关心户”（家庭有一定劳动力的贫困户）、“用心户”（留守妇女、留守儿童和自身内生动力不足的贫困户）、“连心户”（残疾人、孤寡老人和无劳动力的贫困户）3种类别，并就每种类别的贫困户制定相应的扶贫政策。同时，官庄镇对非贫困户也实行了具体的政策，即1579政策，又称健康脱贫政策，家庭医生渐渐走入每一户家庭，减轻了居民的就医负担，避免了脱贫户因患病再次返贫。通过研究当地经济模式的转型、医疗卫生的推广、生态人文的建设、社会福利的加强以及特色产业的发展，团队成员初步掌握了由当地实际情况辐射出的我国农村基层发展现状。

马克思主义学院部分师生组成“暖风行动”暑期社会实践团来到六安市舒城县阙店乡，开展以“农村老年人权益保障法律制度实施效果调查研究”为主题的暑期“三下乡”社会实践活动。他们通过走访农户、发放调查问卷、敬老院义诊、整理扶贫档案、基层乡镇司法所和卫生院座谈会等形式，深入了解农村老年人权益保障的现状，全面开展普法宣传活动。

另外，为了更加充分了解农村老年人权益保护的现状，同学们走访了阙店乡司法所和卫生院。在司法所，同学们在了解基层司法工作的基本情况后，就农村法律纠纷的处理与工作人员进行了全面的交流；在卫生院，同学们采访了卫生院的3位院长，就基层医疗部门的基础设施、人员配备、健康扶贫等问题进行了近两个小时的交流。

由校团委组织的“青年观察家”暑期社会实践团以“改革开放看变化，美好生活齐奋斗”为主题，选取巢湖地区作为观察团队的地点。2011年，安徽省撤销地级巢湖市，设立县级巢湖市，新设的县级巢湖市由安徽省直辖，合肥市代管。行政区划调整几年来，特别是步入“十三五”以来，巢湖地区的改革发展情况令人瞩目。该团以安徽医科大学附属巢湖医院作为代表，关注医疗改革成

果。安徽医科大学附属巢湖医院是一家有着 60 余年办院历史的三级甲等省管综合性医院，“十三五”以来医院相继建成了新门诊大楼、临床技能中心。2017 年，医院又挂牌成立“安徽省精神医学中心”。通过到实地参观考察，同学们真实了解了公立医院综合改革进展步伐、优化资源配置保障人民健康以及老百姓享受医保红利等情况。深入巢湖地区开展宣讲报告、学习座谈、调查研究等形式多样的社会实践活动，让学生们切实感受改革开放 40 多年以来美好安徽建设的新成就、城乡面貌的发展变化，了解国家深化医药卫生体制改革的成果，实地掌握广大人民群众共享改革成果的情况。

五、“筑梦扶贫，力行健康”社会实践服务活动

为弘扬安徽医科大学“好学力行，造就良医”的校训精神，马克思主义学院实践教学团队联合第一临床医学院、第二临床医学院等学院开展“筑梦扶贫，力行健康”暑期社会实践服务活动，让同学们能够力行学校的校训和校风，进一步增强新时代医学生的时代责任感与使命感。

第一临床医学院“健康科技小分队”开展以“红色筑梦点亮人生，青春勇闯扎根基层”为主题的“三下乡”暑期社会实践活动。小分队冒着绵绵细雨抵达阜阳市太和县洪山镇政府。通过董文杰镇长的简要介绍，同学们对毛集村有了进一步的了解。毛集村是洪山镇最偏、最差、最穷的深度贫困村之一，贫困户中“因病致贫”占比达 70% 以上，健康扶贫显得尤为重要。团队也与镇政府初步达成了长期合作扶持意向。接着，队员们分组前往村民家中进行走访，在交谈中了解各家各户的生产生活情况，并运用所学知识为因病致贫的家庭提供相关建议；以活动为依托，建立村民健康档案，助力精准扶贫和乡村振兴。

第二临床医学院“红乡健行”社会实践服务队以“传承红色基因，服务健康中国”为主题，奔赴叶集、金寨等地开展了以医学急救知识宣讲为内容的“三下乡”社会实践活动。医学急救知识宣讲是本次“三下乡”的主题，学院高度重视活动组织策划，力求做到专业性、规范性。队员们出发前在安医大二附院临床技能中心接受了半日系统的急救知识（CPR）和自动体外除颤器（AED）培训，并随队带有专业的心肺复苏模拟人和自动体外除颤器。由安医大二附院 4 名医生和近 20 名同学组成的社会实践服务队先后来到六安市叶集区高庄村、六安市三里桥街道阳光社区进行医学急救知识的宣讲。两地参与群众有近 500 名。队员们顶着炎炎烈日为社区的居民们宣讲基本医学急救知识，进行心肺复苏演示操

作并介绍自动除颤器的使用方法以及海姆立克法急救法等。

六、法律知识和防艾知识宣讲

马克思主义学院普法宣传暑期社会实践团以“法律知识和防艾知识宣讲”为主题进行“弘扬法治精神、构建和谐社会”的宣讲活动。该团队重点面向蚌埠市国家级高新技术产业区（以下简称“高新区”）的各个企业及其职工，通过设置法律宣传台、发放宣传资料、悬挂宣传横幅等模式，使高新区企业及员工更加深入认识了《中华人民共和国义务教育法》《中华人民共和国劳动法》《中华人民共和国消费者权益保护法》《中华人民共和国妇女儿童权益保护法》《中华人民共和国环境保护法》《中华人民共和国治安管理条例》等与其日常生产、工作、生活密切相关的法律法规，为其生产、生活、工作提供更好的保障。普法讲座在蚌埠市高新技术创业服务中心举行，实践队成员结合大量的案例材料，为创业青年们带来一场“中小微企业法律风险防范”的主题报告。此次实践活动增强了队员们独立生活、独立工作和适应社会的能力，也提升了自身服务社会的综合素质。

第五节　节假日社会实践活动

节假日社会实践活动是安徽医科大学思政课开展社会实践教学的重要形式之一，也是学院最具特色的实践教学形式之一。这里所说的节假日社会实践，是指暑假、寒假、劳动节、国庆节、星期六、星期日等国家法定节假日期间师生开展的诸如社会调查、政策宣讲等各种形式的志愿服务活动。本节主要选取 2017 年以来安徽医科大学的同学们在思政课教师指导下利用节假日开展社会调研的调查报告。

一、家乡见闻：全面小康与美丽中国

2017 年 1 月 16 日—1 月 20 日（寒假期间），2016 级临床医学专业“5+3”一体化（儿科学）31 班、临床医学专业 32 班～36 班、临床医学专业（儿科学

方向）43 班、44 班，每个小班 5 人为一组开展了名为“全面小康与美丽中国”的调查研究。学生们通过寻找家乡变化等实践活动，感受改革开放以来我国经济社会发展取得的重大成果，进而更深刻地理解中国改革开放的理论和政策。笔者选取几份报告，以飨读者。

吴梦园：在“五位一体”总体布局中了解家乡的小康之路

我的家乡名叫长临河镇，是一个巢湖边上的小镇，也是一个能吸引众多游客在节假日前来游玩的地方。长临河镇现在作为环湖首镇，其镇域面积达 100 平方公里，拥有 19.8 公里黄金湖岸线，人口为 5.2 万，既为鱼米之乡，也是安徽省第一侨乡。这些数字和文字描述听起来就让人觉得我的家乡特别富，家家是小康，但实际上，在我很小的时候家乡却并不富裕。最起码，除了镇上以外，周围村子的情况并没有多好，而镇上的情况也只是比村子里好一点。

在我小的时候，村子后面的那座山几乎天天都能传来爆破声：翻过山的另一面是已经快被挖空的山壁，有几家砖厂天天在这里挖石头，一辆辆大货车每天载着几吨重的砂石把通往镇上的马路轧得面目全非。周围村子和镇上的居民出行很不方便，村镇间通行只有早上 5 点和下午 4 点的中巴车，所以每次上街，村民早上都要起很早才能坐上车。这样的情况甚至一直持续到我初中毕业：每次返校的时候，我经常因为太早到镇上，又要坐车到县城上学，而不得不在镇上从天还特别黑的时候就开始等，直到天大亮才能等来中巴车。爸爸和他的工友们每次想要买车票去外地打工，就要跑很远的路到另一个镇上托人代买，有的时候还因为代买人自己也有事，而不得不跑到合肥市里买，中转各种公交车也是特别累。

让我惊喜的是，在我上高中以后一切都变了。先是全国少有的以乡镇命名的高铁站——长临河站落地运行，村里人可以坐高铁出门，别提多方便了。我们镇和邻近镇之间开通了一条经过我们村子、又宽又阔的柏油大马路，以前需要七拐八绕才能到的地方，现在 10 分钟不到就抵达目的地了。中巴车也消失了，取而代之的是班次规律的公交车。那几个影响环境的砖厂也被关停了，有集团投资对村子后面的那座山进行修复，并依山建造了一个亲子游乐园。除了这些实打实的好变化以外，政府这几年致力于打响长临河镇这一千年古镇名号，通过修复老街、装修街道、建造百年邮局和民俗馆、修缮吴氏故居等措施，大力发展旅游业来促进经济发展。

“五位一体”总体布局的经济建设、政治建设、文化建设、社会建设、生态文明建设等几个方面，在家乡近十年的发展中被体现得淋漓尽致。现在每次回家，我一路上都感到风景如画。更令人高兴的是，这几年乡镇里的扶贫脱贫工作效果显著，果园、蔬菜园的建立也解决了一大批当地人的就业问题。我家门口就有一个大葡萄园，园子里有很多工作人员都是村子里照顾老人孩子不能出去打工的女性。这样一来，村子里的各种资源都被充分利用，并创造了更多的财富。这样的美好事物，此时此刻也正在家乡的美好大地上层出不穷。

经济建设是根本，政治建设是保证，文化建设是灵魂，社会建设是条件，生态文明建设是基础。我的家乡就在这样的规划布局中一步步向小康发展。

苗壮：我和美丽中国

祖国70周年华诞在即，纵观70年历史进程，中国正在变得越来越美丽。

最近，我的家乡宿州，创建文明城市的进程愈来愈快。习近平总书记说过“绿水青山就是金山银山”，中国逐渐摆脱了“先发展后治理”的传统路子，实施“绿色发展”理念，促使环境越来越好。2010年左右，我还在上初中，每逢收获的季节，即使身处城市之中，也会被焚烧秸秆的雾霾所笼罩。随着环境治理越来越严格，雾霾出现的情况也越来越少。

我刚记事时的宿州，城市的范围很小，骑自行车很快就可以绕城一圈，城市里并没有林立的高楼大厦，手机也仅仅是少数人的通信工具，互联网更是难得一见。现如今，摩天大楼拔地而起，宿州城市扩大了一圈又一圈，规范化的出租车公司，遍布城市各个角落的公交站台，几乎人手一部的智能手机，几乎实现全覆盖的无线网络，都得益于中国经济与科技的发展。美丽的、拼搏的、奋斗的中国人，正在创造属于我们自己的美丽中国。

暑期，我到宿州市立医院进行社会实践活动。每天，医院里都是人山人海，更多的乡下人也选择来城里的大医院就医，这得益于国家医保报销政策的施行。同时，医学工作者对于职业的热爱、国家对于医疗改革的坚定支持以及医疗技术的发展、基层医疗制度和技术的普及，也使得人们“看病难”的问题得到一定的解决。

美丽中国所包含的并非仅仅是外部环境的美丽，也包含着社会的各个层次、各个方面。这离不开中国共产党的核心领导，离不开国家的强大富强，最重要的是离不开每一个美丽的中国劳动者。他们用自己的双手，创造了一个美丽的中国。作为一个医学生，我要跟随党的领导，学习贯彻党的理论知识，为美丽中国建设贡献自己的力量，成为美丽中国创造者中的一员，真正做到“不忘初心，牢记使命”！

二、调研主题：群众利益无小事，民生问题大于天

吴聪榕：在社会实践中学习如何改善民生

“民生”是什么？“民生”一词最早出现在《左传·宣公十二年》。所谓“民生在勤，勤则不匮”。这里的“民”，就是百姓的意思。《辞海》中对于“民生”的解释是“人民的生计”，即老百姓的生活来源问题。在现代社会中，民生和民主、民权相互倚重，而民生之本，也由原来的生产、生活资料，上升为生活形态、文化模式、市民精神等既有物质需求也有精神特征的整体形态。

当然，现代意义上的“民生”概念有广义和狭义之分。广义上的“民生”概念是指，同“民生”有关的，包括直接相关的和间接相关的事情都属于“民生”范围。这个概念未免太过宽泛。而狭义上的“民生”则从社会层面上着眼，主要是指民众的基本生存和生活状态，以及民众的基本发展机会、基本发展能力和基本权益保护的状况等。相较于广义而言，这个概念显然更为准确。

那么如何在社会实践中学习改善民生呢？这个问题对于我们大学生来说似乎遥远了些。我们不妨聚焦于2018年7月5日在中国上映的一部电影——《我不是药神》。这部电影一经上映，便引起了广泛的关注，也获得了很高的豆瓣评分。

《我不是药神》讲述的是主人公程勇在机缘巧合下成了印度仿制抗癌药的中国区代理，通过卖仿制药发家致富，最后在正版药公司的诉求下他退出了。可后来发现，曾经在他这里买药的患者陷入了困境，因为缺药而死。心有愧疚的程勇决定为了患者铤而走险，再一次以成本价向患者出售仿制药，最终因为走私假药而被捕。

“急群众所急。对癌症病人来说，时间就是生命！”李克强总理就电影《我不是药神》引发舆论热议作出批示，要求有关部门加快落实抗癌药降价保供等相关措施。“必须多措并举打通中间环节，督促推动抗癌药加快降价，让群众有切实获得感。”

切实改善民生，提高人民群众的幸福感。这一点，我们从来都不是说说而已。从取消农业税到大病医保、扩大就业创业、发展更高质量更加公平的教育

等，近年众多保障和改善民生的措施一一出台，彰显了党和国家不断改善和保障民生的初心和使命。为了民生改善，我们在实践中不断砥砺前行。

就像影片中主人公所说的那样，今后会越来越好，希望这一天早日到来。

三、调研主题：大国良医与践行社会主义核心价值观

2018年10月1日—10月7日的国庆节期间，2017级临床医学小班39班~42班吴晗等13人开展了名为“医学生培养医德途径”的调查研究。医学生在校期间的课业繁重，很少有机会走进医疗单位进行参观和学习。寒暑假到医疗单位见习，不仅可以帮助他们提前了解医疗环境和需求，还可以帮助他们更好地规划自己的人生。

吴晗：践行社会主义核心价值观之我见

核心价值观是一国之“维”、一国之“纲”，是一个国家、一个民族的精神旗帜，是人民的精神家园。习近平总书记指出：“如果一个民族、一个国家没有共同的核心价值观，莫衷一是，行无依归，那这个民族、这个国家就无法前进。”[①] 社会主义核心价值观使用了意义丰富且深刻的24个字对不同层面的核心价值做出了高度概括。它分成了3个层面：国家、社会和个人。但是，我们也要清楚地认识到，这3个层面不是没有联系的：我们每个人既是属于社会的人，也是属于国家的人，国家更是建立在社会各个机构、人和人联系之上的，所以它们之间是辩证统一的。我们做人，就要从爱国、敬业、诚信、友善开始，要用这种核心价值观来武装我们，然后用这种要求来把国家建设成富强、民主、文明、和谐、美丽的国家，使我们的社会变成自由、平等、公正、法治的社会。践行社会主义核心价值观，首先要从我们个人做起，从爱国做起，从敬业做起，从诚信和友善做起。

在校学习的近4年里，我由浅入深地了解了社会主义核心价值观：它包括了追求知识、热爱科学的内容，与当代大学生成人成才的愿望和目标是完全一致的。我们要结合自身所学专业的实际，把社会主义核心价值观作为个人道德修养的具体标准和基本要求，从我做起，从身边做起，从细微处做起，从现在做起。

---

① 《习近平谈治国理政》，外文出版社2014年版，第168页。

具体来说，我认为青年大学生首先要珍惜大学学习的宝贵时光，课堂上认真学习相关知识，课堂下主动思考，将课本知识与临床紧密结合，增长自身才干；然后要重视自身爱国爱党爱民意识的培养，主动践行习近平新时代中国特色社会主义思想，为将来建设社会主义和谐社会打下坚实的理论与技能基础。

在2018年的寒暑假里，我参与了家乡社区医院的实习工作。在这次实习中，我对未来作为一名临床医生如何践行社会主义核心价值观产生了更为深刻的理解。

在社区医院里，我的工作是在门诊医生的指导下完成的，老师们教会了我很多东西，让我对课本知识有了新的认识。社区医院的分工并不像大医院那样精细，门诊医生所做的工作并不能仅限于门诊，还要兼顾一些外科、急诊和住院工作。

经过一段时间的学习后，我也开始帮助老师们完成日常的工作。社区医院每日面对的患者数量惊人，工作的烦琐程度对基层医生也是一种挑战。一大清早，药房和入院的窗口前，已经排起了长长的队伍。内科医生们对待每个病人都十分有耐心，为患者提供医疗方面最大的帮助。之所以出现这样的结果，我想这与基层医务人员对工作的热爱、对病人的友善是分不开的，而这样的道德品质正是我必须要学习的，这样的态度正是践行社会主义核心价值观的基本要求。

总的来说，身为大学生的我们，作为社会中重要且必不可少之群体，我们应该起到先锋模范作用，自觉践行社会主义核心价值观，以自身的实践锻炼推动我国向富强、民主、文明、和谐、自由、平等、公正、法治的社会迈进，带动每个中国人向爱国、敬业、诚信、友善的价值观迈进，为实现伟大而神圣的中国梦而奋斗！

张岗岗：从医学生自身出发践行社会主义核心价值观

社会主义核心价值观虽然只有24个字，但其中包含的意义却十分丰富且深刻。它分为3个层面：国家、社会和个人。诚然，国家和社会的要求对于我们这些普通人来说，看起来似乎有些遥远，但关于个人的8个字：爱国、敬业、诚信、友善，值得我们认真品味，并把它付诸实践。

作为一名医学生，我们是普通却又特别的，专业的特殊性使我们对自己的定位和未来有着更高的要求。我认为，每一个当代大学生都应该意识到自己所承担的历史使命和责任，能够将社会主义核心价值观践行到生活中的一点一滴中去。

2018年的寒暑假里，我选择的社会实践是来到家乡镇上的卫生院里实习。在这里，我意识到了敬业、诚信和友善的实际意义。我就像个小尾巴一样，跟在卫生院门诊医生后面跑来跑去，并在这些琐碎却必不可少的工作里，意识到敬业这一品质的可贵性。

后来，院里的几位坐诊医生有下村扶贫的任务，我也跟着去了，给他们打下手，做些力所能及的事情。我聆听着村卫生室主任和扶贫医生对村民进行国家健康扶贫政策的宣传教育，越发感到有一种无法抑制的自豪之情，正是因为中国共产党的坚强领导和中国各族人民几十年的不懈奋斗，中国才有了如今的繁荣昌盛，才有能力实行这样的扶贫政策，才能让贫困人口真正脱贫。

社会主义核心价值观的每一个字都值得我们医学生乃至所有青年人仔细琢磨、认真学习，并将其与社会实践结合，如此才能真正成为一个对社会有用的人才。我会将参加社会实践的良好习惯延续下去，继续学习，获取思想上和行动上的双重养分。

四、调研主题：网络安全你我他

网络对于现代人影响巨大，几乎每个人都不能脱离网络而生活。随着网络的普及，网络安全问题不容忽视。大学生如何认识网络、如何安全使用网络是我们关心的重要话题。2017年7月16日—7月20日，2016级医事法学专业王静等12名同学开展了名为“网络对于当代大学生的影响”的调查研究，并将调查的所感所得撰写成调查报告。笔者节选部分内容与大家交流。

王静：大学生身边的网络安全

当我们迈入大学时，我们使用网络的机会大大增加。我们通过网络联系，使用网络查询信息，通过网络来填补娱乐时间，等等。网络无疑给我们的生活带来了很大的便利和乐趣，但随之也带来了很多隐患。

我曾在网上看过一个网友做的视频，当时没有多大感触，但后来却感到可怕。视频里讲述了这名网友的自身经历。该网友为男性，但是QQ注册时性别错填成了女，后来收到了一个陌生人的好友请求，在他通过验证后，这个陌生人就一直给他发一些不良信息，试图用金钱引诱他去做一些违反道德和法律的事情。该名网友后来决定去报警，并把自己的经历做成了一期视频发到了网上去提醒大家注意网络安全。这件事可大可小，有分辨是非能力的成年人可能就会举报、拉黑，但很少有人会去报警。如果是没有什么分辨能力的未成年人，万一他们真的经不住诱惑去做了一些错事呢？那这件事的严重性将大大增加。其实这样的“陌生人”在网上造成了很多不良影响，他们引诱刚刚接触网络的大学生去贷款、拉他们进入传销组织。大学生的数量如此庞大，总会有人经不住诱惑上当受骗。作为成年人，我们一定要有明辨是非、辨别对错的能力，这就要求我们必须以社会主义核心价值观为指导，学会判断善恶、保护自己。

大学生代表着祖国的未来，在构建法治社会的过程中，我国尤其要注重保护新时代青年大学生的各项权利。我国一直注重法治教育，使每个人在面对社会险恶时学会用法律来保护自己，使每个人都能具有明辨是非或抵抗诱惑的能力。但学校好比是一个温室，我们很少能见到一些险恶的人或事。为了构建一个更加和谐美好的社会，我们每位大学生都应该去学习社会主义核心价值观，并且要参透其中的意义。社会主义核心价值观不仅仅是 24 个字那么简单，重要的是它包含的内容，它是判断善恶的标准，是我们需要努力达到的美好境界。

第五章　实践教学与大学生创新能力培养

第一节　实践教学筑牢大学生的理想与信念

2021年3月6日下午，习近平总书记在看望参加全国政协会议的医药卫生界教育界委员时指出：“大思政课”我们要善用之，一定要跟现实结合起来。上思政课不能拿着文件宣读，没有生命、干巴巴的。因此，思政课教学一定要和社会现实结合起来。实践教学正是与社会现实有机结合的重要渠道，在大学生成长成才过程中作用显著。青春期的大学生处于世界观、人生观和价值观形成之时，必须加强理想和信念教育，无疑实践教学正起着这样的作用。理想和信念不是抽象的命题，而是具体历史地存在于人的发展中，尤其是真实地贯穿在大学生学习、生活和工作等实践的全过程中，既在理论上成为大学生的价值指针和精神寄托，也在实践中成为大学生的行动遵循和行为向导。对此，习近平总书记指出：“理想信念决定着我们的方向和立场，也决定着我们的言论和行动。”① 这就从内在维度（方向和立场）和外在维度（言论和行动）两个方面彰显了理想信念对大学生的内外规定性。对新时代大学生而言，理想与信念的筑牢主要体现在对马克思主义的信仰以及对共产主义与社会主义的信念上，同时也彰显在马克思主义的

① 习近平：《在纪念周恩来同志诞辰120周年座谈会上的讲话》，人民出版社，2018年版，第10页。

实践观、群众观和培育大学生的社会主义劳动观、集体观等理论上。

一、培养大学生的马克思主义实践观

如前所述，实践在马克思主义理论体系中地位至关重要，无论是人化自然观、历史观，还是认识论，都是以实践为核心的。在马克思之前，唯心主义、直观唯物主义、抽象人道主义和伦理社会主义等思潮都有自己的一席之地，但是能改变世界的确是实践范畴，它成为新唯物主义生长的逻辑基点和理论起点。马克思主义实践观认为，实践是主观见之于客观的能动的活动，实践是认识的来源，是认识发展的动力，是认识的目的，是检验认识正确与否的唯一标准。人们通过实践可以检验、判断、鉴别自己的认识是否符合实际、是否正确。实践具有功能性作用和中介性作用，是主体和客体辩证统一的现实基础，同时也表明在实践中人的能动性和创造性的题中之义。因此，马克思主义实践观要求我们必须坚持实践第一的原则，一切从实际出发，坚持从实践中来到实践中去，并在实践的基础上发挥人的主体性、能动性和积极性。

马克思的实践概念是主体和客体、客观性和能动性的有机统一，主体和客体之间的关系正是基于现实实践活动的相互联系、相互依赖、相互转化的双向互动关系。在一定程度上讲，实践是主观性对客观性的超越，主体性在主客体关系中起主导作用。马克思从现实的社会性和实践的生成性出发，理解人的本质和需要理论，同时以具体的实践方式赋予了人这一实践主体的具体的历史的存在。感性的实践活动不仅是现实的世界生成的基础，更是认识的关键和人的本质形成的枢纽。历史主体是现实中的人，人的真实的主体性是靠生产（实践）获得的。主体通过实践超越外在条件和制约自身的因素而改变自身，建立起凸显自身价值和主体创造性的生活世界和现实生活。

“大学生投身和参加社会实践，才能接触社会和了解实际，深刻地认识社会实践的本质和价值，了解社会发展的现实和需要，提出解决社会问题的新办法和新意见，形成适应时代要求的实践精神和符合社会发展的实践观念，在促进社会实践发展的同时，促进自身的健康成长。”① 所以，作为理论教学之外的一种特殊教学形式，实践教学侧重于以具体的、感性的现实存在和社会活动还原理论知识和课堂教学，促使学生更好地掌握知识、了解实际、提升能力。所以，培养大

① 骆郁廷：《精神动力论》，武汉大学出版社，2003年版，第293页。

学生的实践观，要求大学生在实践第一原则的基础上发挥自身的主观能动性。实践教学的宗旨是为了学生、塑造学生、发展学生，这一宗旨的完成和实现还是要通过学生这一主体，通过大学生的实践活动和实践安排来塑造和发展的。马克思主义实践观要求从实践中定位大学生的身份、思想和言行。实践教学就是以大学生为主体的实践，要在现实活动中理解大学生的内在需求、心理变化和行为范式。思政课实践教学要求做到“实践检验”和“理论引导”的辩证统一，构成了“实践——认识——再实践——再认识”辩证展开的立体图景，也提升了大学生的实践意识和主体意识。大学生这一主体在教学实践感性直观的体验过程中，不仅反思了自己的理论知识，而且提高了自己的认知能力、动手能力，更提升了思维水平和本质力量，赢得了全面发展。在一定程度上，这也说明了“人创造环境，同样，环境也创造人”① 的主体客体相互促进、相互提升的实践辩证法。

另外，按照马克思的观点，人的本质是一切社会关系的总和，实践过程中主体与客体之间相互作用的关系其实也是主体间性的关系。人在实践（劳动）过程中，不仅发生着人与自然（客体、对象）的关系，还发生着人与人之间的关系。人与人之间因为劳动互换形成了主体间的关系，这种关系不仅是在实践过程中形成的，而且在实践过程中也提升了人与人之间的关系，人与人相互促进、相互形塑，最终都能在实践中得到提升、得到发展。

实践教学在实际活动中，也体现了主体间性的相互作用。实践教学以计划性和整体性的安排和开展而形成主客观的有机统一，并满足人的需要。在思政课实践活动过程中，大学生作为实践教学的主体，其主体认知、主体反思、主体判断和主体创造等有关主体发展的系列特征都能在实践活动中得到体现、发展、提升。大学生在实践活动中，由于教学任务、活动要求、教学成果等实践教学形式的存在，必然要在活动中加强合作、交流心得、解决问题，如此就能在活动中推动合作性的学习，促使大学生形成团队意识和合作精神，让他们认识到复杂问题的解决、社会问题的克服甚至历史规律的探究需要人与人的协同合作才能实现，也才能在对象化的活动中使人与人之间的主体间性得到充分彰显和发挥。

---

① 《马克思恩格斯文集》第1卷，人民出版社，2009年版，第545页。

二、增强大学生联系实际的群众观

群众观点就是马克思主义政党对待群众的根本立场和鲜明态度。马克思主义的群众观来自唯物史观。它认为，在人类社会历史发展过程中，人民群众是历史的创造者、历史发展的推动者，人民群众不仅是物质财富和精神财富的创造者，而且也是社会变革的决定性力量。群众观点是马克思主义的基本观点，这是从本体论上来论述群众路线的思想。

群众观点要求坚持群众路线。群众路线是指在群众观点基础上形成的工作路线。群众路线是党的根本工作路线，体现了马克思主义关于人民群众是历史创造者的基本原理。1929 年 9 月，《中共中央给红军第四军前委的指示信》中肯定了毛泽东第一次提出的“群众路线”这个概念。1943 年 6 月，毛泽东在为中共中央起草的《关于领导方法的若干问题》一文中又进一步阐述：“在我党的一切实际工作中，凡属正确的领导，必须是从群众中来，到群众中去。”[①] 可见，“一切为了群众、一切依靠群众，从群众中来、到群众中去”的群众路线，是我们党的根本路线，也是我们党的优良传统和政治优势，这是从方法论上来阐释群众路线。

可见，群众观点和群众路线是中国共产党人科学的世界观和方法论的集中体现。来自人民、植根人民、服务人民是我们党永远立于不败之地的根本，必须牢固树立马克思主义的群众观点，自觉贯彻党的群众路线，始终保持同人民群众的血肉联系，理论联系实际。群众观点是无产阶级政党的根本立场和根本观点，是党制定路线、方针和政策的根本出发点和落脚点。因此，坚持马克思主义的群众观，就是要坚持实践第一的原则，坚持调查研究，理论联系实际、实事求是；坚持人民群众主体论，相信人民群众的力量和才智，并自觉向人民群众虚心学习。

在新时代高校教育过程中，实践教学就是坚持群众观点和群众路线的集中体现和重要途径。实践教学是理论教学之外的一种特殊教学形式，让学生走出校园、走出教室、走出课堂，走进田野、走进工厂、走进实践教学基地。向人民群众学习，不仅是党和国家倡导的“三贴近”（贴近生活、贴近社会、贴近实际）的重要形式，更重要的是能促使大学生在活动中检验认知、获得知识、提升能力，改变大学生对群众的态度、提升大学生对群众的感情。

---

① 《毛泽东选集》第三卷，人民出版社，1991 年版，第 899 页。

学生自升入大学、走进校园以来，主要是在校园内进行知识学习和科学实验，很少走出校园从事实践活动。思政课的实践教学正好弥补了课堂理论学习这一缺陷和不足，大学生在负责思政课实践教学的教师们的组织和引导下，走出校园去深入实际、深入基层、深入群众，进行各种形式的社会调查研究，有益于促进大学生认识客观世界、改造主观世界、端正学习态度、增进同人民群众的感情。大学生社会实践以及调查研究成果的质量、效果如何，形成的意见正确与否，最终都要由人民群众参与的、鲜活的社会实践来检验。大学生到企业、工厂、博物馆和纪念馆等社会实践教学基地进行调查研究，深入田间地头和厂矿车间，同群众一起讨论问题，可以倾听他们的呼声，体察他们的情绪，感受他们的疾苦，总结他们的经验，吸取他们的智慧。

任务的完成、社会的进步乃至人类的发展不是一个人或者几个人的努力、付出和智慧所能完成的，团结协作才是战胜困难、赢取进步的重要法宝。思政课实践教学正是通过人与人之间的协作促使大学生认识到集体的力量，培养对群众的感情，也更能在实践活动中体会到马克思主义基本原理中人民群众是物质财富和精神财富的创造者以及历史发展的推动者的真实意蕴。大学生在实践活动中胸怀马克思主义群众观，对群众最盼、最急、最忧、最怨的社会问题更要主动调研、仔细研讨、认真思考、抓住不放，才能有所突破、有所作为、获得进步。这样做才能真正听到群众的实话、察到群众的实情，也才能在实践中获得真知、收到实效，进而达到思政课实践教学的真正目的。

三、树立大学生的社会主义劳动观

从哲学意义上看，劳动是发生在人与自然界之间的一种活动，其实质是通过人的有意识的、有一定目的的自身活动来调整和控制自然界，使之发生物质变换，即改变自然物的形态或性质，为人类的生活和自己的需要服务。马克思主义的劳动观认为，劳动是具有一定生产经验和劳动技能的劳动者使用劳动工具所进行的有目的的生产活动，其根本标志在于制造工具，劳动的价值是满足主体需要和成为价值主体。“劳动是人之为人的本质特征，是人类社会前进和发展的动力基础。”[①] 劳动是整个人类生活的第一个基本条件，它既是人类社会从自然界独立出来的前提基础，又是人类社会区别于自然界的重要标志。

① 尚庆飞，张明：《毛泽东劳动观的历史生成及其当代价值》，《马克思主义研究》，2011 年第 5 期。

可见，劳动是人类适应自然并对之进行改造的独特形式，也是主体和客体相互作用、相互促进的社会历史活动。劳动可分为具体劳动和抽象劳动、体力劳动和脑力劳动、简单劳动和复杂劳动等形式。劳动创造了人，也创造了社会。在马克思主义的理论视域内，劳动促进了手与脚的分工，使人学会了制造和使用工具；劳动促进了语言的产生，加速了信息的生产和传播；劳动促进了人的大脑和机体的进化，加速了信息的积累与处理，为人的自由而全面发展奠定了社会意义。因此，马克思明确指出劳动的重要作用："体力劳动是防止一切社会病毒的伟大的消毒剂"①。

任何劳动都具有能动性和受动性。能动性是指人们按照自身对自然界的规律性认识改造自然的过程；受动性是指不论人们是否认识这些规律，人们总是受这些规律支配与制约、不得不按照这些规律进行活动的过程。在一定意义上，这两个劳动过程同时并存、同时发生。

在马克思哲学革命的实践转向中，劳动、生产不单纯是经济学概念，而是其哲学建构的核心范畴和基础概念。作为实践的最基本形式——物质生产实践，其题中之义就是劳动在生产实践中的标志性存在，构成了实践基本形式的首要因素。人的感性的客观活动即物质生产活动真正实现了人和自然界的有机统一。在马克思的早期著作中，劳动、生产与实践常常是互释性、共同性的概念。后来，马克思又把生产分为物的生产和人的生产，作为主体的人就是通过劳动既生产人也生产社会，劳动是人与动物相互区别的关键性因素、根本标志。劳动不仅是唯物史观的重要范畴，也是马克思主义政治经济学的重要概念。从一定程度上可以说，劳动是联结马克思主义哲学和马克思主义政治经济学的重要枢纽和关键中介。

在马克思主义传入中国后，毛泽东就指出："生产运动不但过去要，现在要，将来还是要，这是生产运动的永久性的根据。"② 在改革开放前后，邓小平就指出："一般学校要给学生参加劳动的机会。劳动也是教学，是政治思想课。学生参加劳动，一是必须，二要适当，三看可能……主要是使娃娃们养成劳动习惯，加强集体观念。"③ 新时代以来，2013 年 4 月 28 日，习近平总书记来到全国总工会机关，同全国劳动模范代表座谈并发表重要讲话，指出："人民创造历史，劳

① 《马克思恩格斯全集》第 31 卷，人民出版社，1972 年版，第 538 页。

② 《毛泽东文集》第 2 卷，人民出版社，1993 年版，第 176-177 页。

③ 《邓小平文选》第 1 卷，人民出版社，1994 年版，第 281 页。

动开创未来。劳动是推动人类社会进步的根本力量。”2015 年 4 月 28 日，习近平总书记又在庆祝“五一”国际劳动节暨表彰全国劳动模范和先进工作者大会上的讲话中进一步指出：“劳动是人类的本质活动，劳动光荣、创造伟大是对人类文明进步规律的重要诠释。”这些讲话凸显了劳动在人类进步和文明发展中的重要作用，要求大学生必须树立社会主义劳动观。2018 年在全国教育大会上，习近平总书记提出要培养德智体美劳全面发展的社会主义建设者和接班人[①]，把以前的“四育”提升为“五育”，凸显了劳动的重要性和价值。因此，社会主义劳动观是以马克思主义为指导的劳动观，这就要求我们要认识、体会到劳动能创造社会、创造生活、创造财富、创造文明。

但是，目前社会上存在这样的观点：对体力劳动轻视，认为劳动主要是智力创造；或者过度重视，认为体力劳动是最重要的劳动，其他形式的劳动仅是体力劳动的分化或转化；采取孤立的观点来看待劳动，认为只有自己的劳动才是货真价实、有实在意义的劳动。这些观点都是要不得的。在社会主义社会中，劳动没有高低贵贱之分，任何一种劳动都是光荣的，都是社会分工的产物。任何劳动都是平等的，无论是体力劳动还是脑力劳动。现代化的社会化大生产是多种劳动分工组合而成的复杂系统，需要协作的劳动观来看待，只要对社会发展有利的劳动都是劳动。

2020 年 3 月 20 日，中共中央、国务院印发了《关于全面加强新时代大中小学劳动教育的意见》（以下简称《意见》）。《意见》从重大意义、指导思想、基本原则、总体目标、教育体系、活动主体、能力保障以及组织实施等若干方面做了详细规定，把劳动教育纳入人才培养全过程，贯通大中小学各学段，贯穿家庭、学校、社会各方面，与德育、智育、体育、美育相融合，紧密结合经济社会发展变化和学生生活实际，积极探索具有中国特色的劳动教育模式。劳动教育就是国民教育体系的重要内容，是学生成长的必要途径，具有树德、增智、强体、育美的综合育人价值。实施劳动教育重点是在系统的文化知识学习之外，有目的、有计划地组织学生参加日常生活劳动、生产劳动和服务性劳动，让学生动手实践、出力流汗，接受锻炼、磨炼意志，培养学生正确劳动价值观和良好劳动品质。《意见》还要求高等学校要注重围绕创新创业，结合学科和专业积极开展实习实训、专业服务、社会实践、勤工助学等，重视新知识、新技术、新工艺、新

① 《习近平在全国教育大会上强调　坚持中国特色社会主义教育发展道路　培养德智体美劳全面发展的社会主义建设者和接班人》，《人民日报》，2018 年 9 月 11 日（01）。

方法应用，创造性地解决实际问题，使学生增强诚实劳动意识，积累职业经验，提升就业创业能力，树立正确择业观，具有到艰苦地区和行业工作的奋斗精神，懂得“空谈误国、实干兴邦”的深刻道理；注重培育公共服务意识，使学生具有面对重大疫情、灾害等危机主动作为的奉献精神。

具体到思政课的实践教学，它主要是通过大学生的看、听、做、写等具体实践路径和形式，实现对基本理论、基本知识的进一步理解、消化和内化，实现对思政课基本原理、基本理论、基本方法的实践运用和现实操作。大学生通过劳动活动，不仅能认识到劳动在人类社会发展中的重要作用，而且也能体会到劳动者的辛苦和光荣，从而更加珍惜劳动成果。

更进一步来说，思政课的实践教学可以增强大学生对中国特色社会主义理论体系和党的基本路线、基本制度和基本方针的理解，增强大学生对中国革命道路和国家治理、国家建设必然性和特殊性统一的理性认识，增强大学生的“四个自信”和社会责任，提高他们运用马克思主义的原理、观点和方法来分析问题、解决问题的能力。

四、培育大学生的社会主义集体观

在马克思主义的理论视域中，集体是个重要范畴。集体不仅包括国家、民族、社会，也包括阶级、阶层和政党。在马克思看来，以往的哲学对集体的概念论述不科学、不全面，不能体现人民群众的主体地位，没有凸显人民群众在社会实践中的重要作用。马克思、恩格斯在《德意志意识形态》中倡导“真实的集体”思想，“只有在集体中，个人才能获得全面发展其才能的手段，也就是说，只有在集体中才可能有个人自由。”① 这是对“虚幻的集体”思想的扬弃，就是既要实现集体的价值和目标，又要促进人的自由而又全面的发展。

鉴于马克思、恩格斯等人的观点，“集体是真实的共同体，是以人的自由发展和运动为根本目标的劳动者联合体”②。“真实的共同体”以素质教育为核心，培养人的全面发展能力，彰显主体的人所具有的自由而丰富的个性。同时，马克思主义的集体观是一种以人为主体的思想，人既是社会发展的动力，又是社会发展的目的，是在整体维度上对人的价值的终极关怀。自由而又全面发展的个体在

---

① 《马克思恩格斯选集》第 1 卷，人民出版社，2012 年版，第 199 页。

② 肖接增：《对集体主义原则中“集体”的科学界定》，《求实》，2009 年第 9 期。

集体中相互合作、相互前进、共同发展，同时使集体更加团结、更加强大。

集体主义是社会主义社会的道德原则和核心价值理念，社会主义制度要求树立集体主义的主流价值观。社会主义集体观要求整体（组织）的分工、功能、原则凸显集体性，个人利益要服从国家利益、集体利益，局部利益要让位于整体利益，当前利益要服从长远利益，从而实现国家、集体和个人利益的一致性和协调性。新时代社会主义核心价值观的确立和培育，不仅强调国家、民族（集体）和人民（个人）的有机统一，也宣扬集体（公共）利益的有限性和个人利益的真实性、可操作性。个人的发展和集体的发展方向是一致的，二者不仅互不抵触，还是相互促进的。

实践育人以人的自由和全面发展为目标，这是素质教育的题中之义，而个人的自由而全面发展又依赖于集体环境的宽松和集体利益的获得。新时代的大学生要成为社会主义事业的合格建设者和接班人，必须坚持社会主义集体观，增强集体观念，培养大局意识，克服极端个人主义和自由主义思潮的消极影响。

综上所述，新时代的大学生要立足实践需求，秉持马克思主义的群众观和社会主义的集体观，践行群众路线，与其他人员一起通过实践劳动来实现团队的既定目标。在这一过程中，个人与他人进行交往、发生联系，可以相互提升、相互促进，进而促进集体（团队）发展，在和谐的氛围中促进自身的进步和集体的发展。这不仅是实践教学的最终目标，也是实践育人的核心价值所在。

第二节　实践育人及其基本理论

一、实践育人的内涵及原则、功能

“实践育人是思想政治教育的全新模式，它与课堂教学共同为全面提高学生的综合素质服务，学生全程、全面参与实践过程，是实践育人的出发点和归宿。”[①] 由此看出，实践教学与理论教学作为高校“大思政”格局中的两大维度，

① 刘富胜：《从大学生主体性特征看实践育人模式的构建》，《重庆工商大学学报（社会科学版）》，2011 年第 5 期。

它是与学校教育、社会教育和学生自我教育有机统一、相辅相成、全面全程的教育模式，确实起到了非常重要的育人作用。

（一）实践育人的发展历程

实践育人可以追溯到新中国成立后，党和国家提出“又红又专”的育人理念、在清华大学首设“思政辅导员”制度就是关于实践育人的有益探索。后来，由于国内形势的反转尤其是“文革”的发生，“上山下乡”成为当时大学生时髦的选择，也迫使实践育人走到了极端。改革开放后至今，党和国家及时拨乱反正，教育事业尤其是高等教育走入正轨，为了培养“四有新人”，党和国家深入推进实践育人，取得了非常显著的成就。这一推进主要分为以下三个阶段：

第一阶段（1978 年—2004 年）：奠基阶段。在这一初始阶段中，党和国家还没有正式提出“实践育人”的概念，但是要求高校在教育教学过程中注重大学生的实践观念教育和整体素质培养。大学生教育需要跟现实社会、生产实践、劳动参与等相联系。1984 年，中共中央宣传部、教育部在印发的《关于高等学校学生参加生产劳动的若干规定》中指出，依据高校所设专业的不同，要与校外的工厂、企业、农场、农村等组成“教学、科研、生产”联合体，建立实践、劳动的网点以及固定的社会实践和生产基地。1987 年，中共中央作出《关于改进和加强高等学校思想政治工作的决定》（以下简称为《决定》）。《决定》指出，青年知识分子成长的唯一正确道路是社会实践，通过社会实践促进大学生了解社会主义建设和改革的实际和成就，以实现大学生“理论与实际相结合、脑力劳动与体力劳动相结合、知识分子与人民群众相结合”的教育任务。同年，国家教委、共青团中央在印发的《关于广泛组织高等学校学生参加社会实践活动的意见》中指出，高校必须组织学生在学习期间广泛地参加社会实践，把在假期和课外组织学生参加社会实践作为高等教育的重要组成部分。1991 年，国家教育委员会在印发的《关于加强和改进高等学校马克思主义理论教育的若干意见》中进一步明确指出，要将实践教育渗透进理论教育和思想政治教育，紧紧围绕思想政治教育的教学内容，适当组织学生参加社会实践活动，使学生在接触实际中接受教育。

第二阶段（2004 年—2012 年）：深化阶段。在这一继续推进阶段中，“实践育人”概念被明确提出，并在各类各级高校中得到大力建设、推进。2004 年 3 月，《中共中央、国务院关于进一步加强和改进未成年人思想道德建设的若干意见》指出：“坚持知与行相统一的原则。既要重视课堂教育，更要注重实践教育、体验教育、养成教育，注重自觉实践、自主参与。”2004 年 8 月，《中共中央、国务院关于进一步加强和改进大学生思想政治教育的意见》首次提出“实践育人”概念，指出要把理论武装与实践育人结合起来，把课堂教育和服务社会结合起来。2005年，中共中央宣传部、中央文明办、教育部、共青团中央在联合印发的《关于进一步加强和改进大学生社会实践的意见》中强调“理论教育和实践教育相结合是大学生思想政治教育的根本原则”，赋予社会实践以不可替代的重要作用。2008年，《中共中央宣传部　教育部关于进一步加强高等学校思想政治理论课教师队伍建设的意见》发布，要求加强思政课教师队伍的培养培训工作，明确指出教师要组织开展社会实践和学习考察活动，并要在活动中完善实践教学制度。2012年，《教育部等部门关于进一步加强高校实践育人工作的若干意见》进一步指出，要完善人才培养质量标准，创新社会实践，强化实践育人机制，以便培养社会主义合格的建设者；明确指出实践育人关乎学生服务国家、服务人民的社会责任感的增强，关乎创新精神的培养，关乎实践能力的提升。在这一纲领性文件的指导下，高校实践育人的总体规划、师资队伍建设、基地建设、组织领导等重要方面都得到了发展。同年，中宣部、教育部印发了《全国大学生思想政治教育工作测评体系（试行）》，将实践育人列为高校思想政治工作的重要考核指标。

第三阶段（2012年—至今）：升华阶段。党的十八大以来，中国特色社会主义进入新时代，习近平总书记高度重视学校思想政治教育工作和高校思政课实践育人推进工作，不仅使高校实践育人进入了新时代的质量提升阶段，也使实践育人成为培育和践行社会主义核心价值观的有效途径和实现立德树人根本任务的重要载体。在这一升华阶段中，实践育人获得了长足发展和质的飞跃。2013年，中共中央办公厅印发的《关于培育和践行社会主义核心价值观的意见》明确指出，社会实践是社会主义核心价值观的重要抓手和有效途径，强调发挥社会实践的养成作用，完善实践教学体系，加强实践育人基地建设。2014年，教育部党组、共青团中央在联合下发的《关于在各级各类学校推动培育和践行社会主义核心价值观长效机制建设的意见》中指出：促进实践育人共同体的建立，实现实践育人规范化管理、常态化服务、品牌化培育、项目化配置、信息化支撑、社会化运作，并把“实践育人共同体”作为实践教学的创新和特色。2016年12月，习近平总书记在全国高校思想政治工作会议上强调，要把思想政治工作贯穿教育教学全过程，强调“要用好课堂教学这个主渠道”，更要“广泛开展各类社会实践”。2017年，《中共中央、国务院关于加强和改进新形势下高校思想政治工作的意见》强调，实践育人已成为新形势下高校思想政治工作的重要内容，从体制机制层面要进一步强化实践育人，包括提高实践教学比重、强化实践基地建设、健全社会各界接收大学生实习实训制度、健全学雷锋志愿服务长效机制等。2017年，教育部在发布的《高校思想政治工作质量提升工程实施纲要》中又明确提出，要深入推进实践育人质量提升，整合各类教学实践资源，拓展实践育人平台，构建实践育人的协同体系，教育引导师生在亲身参与中增强实践能力、树立家国情怀，从而把实践育人在高校中的重要地位和显著作用得以升华和进一步凸显，也使实践育人的方法途径进一步得到发展和创新。2018年9月，习近平总书记在全国教育大会上更是强调教育是“国之大计、党之大计”，“要把立德树人融入思想道德教育、文化知识教育、社会实践教育各环节”。尤其是2019年3月18日，习近平总书记在北京主持召开全国思想政治理论课教师座谈会，明确指出思想政治理论课要解决好“培养什么人、怎样培养人、为谁培养人”这个根本问题，要落实好立德树人这一根本任务，并指出思想政治理论课要坚持政治性和学理性相统一、价值性和知识性相统一、建设性和批判性相统一、理论性和实践性相统一、统一性和多样性相统一、主导性和主体性相统一、灌输性和启发性相统一、显性教育和隐性教育相统一。习近平总书记强调的这“八个统一”，都贯穿了实践育人这一红线和真谛，都在思政课实践教学和实践育人中得到体现和实现。

由上可知，改革开放以来尤其是党的十八大之后，党和国家对思政课建设和实践育人工作给予了高度重视，对实践育人进行了持续深入的理论创新和实践探索，各级各类学校对实施、加强实践育人的方法和载体也进行了探索和实践，取得了很大成就。特别是在高校中，实践育人更是取得了很大成绩，理论和实践、载体和方法、线上与线下等均达到了一定程度上的紧密结合，积极引导了大学生把理论学习与实践体悟相统一、实现自我价值与家国情怀相协调的内在意蕴，提高了大学生认识社会问题、解决实际问题的实践能力。

（二）实践育人的科学内涵

长期以来，我国高校的思想政治教育工作在实践环节上都比较薄弱，学生并没有形成学思结合、知行统一的学习理念，教师也没有对学生进行专门实践方面的教导，进而导致思想政治教育的实效性和针对性不强。实践育人是实践活动与人才培养的有机融合，它以实践教学为主要载体，是学校、政府、企业和社会等多育人主体相互促进、相互依存的行为和过程，是高校人才培养体系的重要组成部分，也是大学生在社会实践过程中实现自我教育和自我发展的重要途径。中共中央宣传部、教育部在印发的《普通高校思想政治理论课建设体系创新计划》

中明确指出要“坚持理论与实际相结合，注重发挥实践环节的育人功能，创新推动学生实践教学和教师实践研修。坚持教学与科研相结合，努力探索攻克教学难关，强化马克思主义理论学科和科研对教学的支撑作用。坚持教师讲授与学生参与相结合，注重师生教学互动，充分调动学生学习的主动性和积极性。坚持课堂教学与日常教育相结合，积极拓展思想理论教育渠道，创新发挥第二课堂的教育作用。坚持思想政治理论课与专业课相结合，注重发挥所有课程的育人功能、所有教师的育人职责。坚持校内与校外相结合，注重资源整合，探索建立全社会关心支持思想政治理论课建设的长效机制”。这个科学论述就凸显了实践育人是高校人才培养的重要环节和重要作用，是课堂教育的现实延伸和高阶升华，也是加强和改进大学生思想政治教育的重要途径，同时也指明了实践育人的实质内容和主要途径，也为新时代高校思政课开展实践教学指明了方向。

关于实践育人问题，国内学者黄蓉生认为，实践育人是指“以马克思主义实践观为根本依据，遵循大学生成长成才规律和教育活动规律，以学生在课堂教学中获取的理论知识和间接经验为基础，以开展与学生专业发展和成才成长密切相关的各种实践活动为途径，以引导大学生坚定跟党走中国特色社会主义道路的理想信念和不断增强服务国家服务人民的社会责任感、勇于探索的创新精神、善于解决问题的实践能力为基本目标的一种教育实践活动”①。张文显认为，实践育人是“以学生在课堂上获得的理论知识和间接经验为基础，通过激发学生课外自我教育和相互教育的热情和兴趣，开展与学生的健康成长和成才密切相关的各种应用性、综合性、导向性的实践活动，加强对学生的思想政治教育并促进他们形成高尚品格、祖国观念、人民观念、创新精神、实践能力新型育人方式”②。由上可见，他们的共同点就是把马克思主义思想理论教育中的理论性和实践性、主体性和主导性、知识性和价值性等有机统一起来认识实践育人。这一认识和判断蕴含了高校思政课实践育人的内涵和精神，也为高校思政课实践育人奠定了理论基础和逻辑前提。

我们认为，高校实践育人是指在遵循教育规律和人才成长规律的前提下，通过教师的引导，以受教育者（大学生）为育人主体，通过现代的实践媒介和方法，以自我教育和相互教育相互促进的形式，来促进提升包括思想政治素质、创新能力、实践能力等在内的受教育者（大学生）综合素质的一种育人形式和途径。

---

① 黄蓉生，孙楚杭：《构建高校实践育人长效机制的思考》，《中国高等教育》，2012 年第 3 期。

② 张文显：《弘扬实践育人理念，构建实践育人格局》，《中国高等教育》，2005 年第 C1 期。

在这一育人过程中，教育者通过有目的、有计划、有组织的实践活动，使学习者在现实情境中亲身体验、反思知识，并在实践中得以建构，或在实际应用中证实已有的知识，形成实践创新的观念，养成必备的实践品格和关键能力。思政课实践育人就是以马克思主义思想政治教育理论为指导，通过思政课教师的引导和教育，以大学生校外实践为途径，运用思想政治教育的若干媒介和方法（主要包括教学实践、军事训练、主题教育、志愿服务、社会调查、创新创业等一系列形式），以促进大学生综合素养的提升和实现大学生的全面发展。

从教学本质上看，思政课实践教学就是实现“外化”与“内化”有机统一的教学模式。“外化”就是指把思政课的任务、目标、设计等通过社会化的实践方式、外在载体等予以彰显，使思政课的内在理论维度转化为显性的实践向度；“内化”是指在社会化的实践过程中，大学生这一实践主体通过实践媒介，不仅体验到思政课的理论价值，也促使自身在实践过程中检验知识、反思自己、修正错误、提升自我。

从实践育人的内涵及其外延来看，实践育人之重点在于实践育人各领域各部分各环节的整体性、系统性和协同性。但是从实践教学的内涵、实践教学全覆盖、社会实践教学形式以及实践教学在思政课教学中的过程来看，我们必须避免实践教学、实践育人的两个认识误区：第一，仅仅把实践教学、实践育人视为课堂教学、教书育人的补充环节，把它作为课堂教学在实践层面的延伸，其作用就是让学生反思课堂教学、巩固理论教学，没有认识到实践教学在大学生培养、国家教育战略以及社会发展等若干方面的重要位置和独特作用，更没有看到实践育人蕴含的丰富内容和根本目的。第二，仅仅把实践教学、实践育人看作是课堂教学、理论教学的一个独立部分，人为割裂了实践环节和理论环节在育人链条上的整体性、衔接性、有机性。鉴于上述两个认识误区，我们必须从整体性、协同性和系统性的有机统一上来辩证看待实践教学、实践育人的重要作用。

（三）实践育人的基本原则

基于实践育人的发展历程和科学内涵，我们可以推导出实践育人的基本原则，其基本原则主要包括以下六个方面。

1. 方向性原则

实践育人是有着较强目的性的教育培养过程和教育实践活动，必须把握正确的方向。新时代的高校思政课实践育人必须在马克思主义的实践观、群众观、劳动观和集体观以及马克思主义思想政治教育理论的指导下来实施、开展，必须以马列主义、毛泽东思想、邓小平理论、“三个代表”重要思想、科学发展观和习近平新时代中国特色社会主义思想为指导，必须以新中国成立以来尤其是改革开放以来中国共产党关于高校思想政治教育的理论、路线和方针为依据，必须要深入学习贯彻习近平总书记关于教育的重要论述，特别是习近平总书记在学校思政课教师座谈会上的重要讲话精神，保证新时代高校思政课实践教学和实践育人保持正确的发展方向。高校在搞教学、搞变革、促进实践教学的过程中，来保证思政课实践教学的方向不偏、底色不减，强化大学生的理想信念教育，提升新时代大学生的社会责任感，不断促进大学生的全面发展，进而实现学校立德树人的根本任务，提升大学生的综合素质。

2. 目标性原则

目标是过程的最终目的。思政课实践育人要求在马克思主义的实践观等理论和思想政治教育理论为指导的前提下，以立德树人根本任务的实现为目标，尊重大学生身心发展规律和高等教育规律，对实践育人进行顶层设计和整体安排；在思政课教师的指导下，在指定的内容和采用的载体中，促使大学生积极主动参与思政课社会实践活动，在实践过程中提升自己的思考能力、实践能力、动手能力和交往能力，在活动中提高大学生自身包括思想道德素质、身心素质、社会责任感等在内的综合素质、促进个体的全面发展。思政课实践教学要围绕着实践育人的总目标来进行，教育理念、教学方法和载体的变革也遵循党和国家的规定，以达到实践主体和实践客体、主体客体化和客体主体化的辩证统一，进而促进大学生自由而全面的发展。

3. 主体性原则

主体性原则也就是以人为本原则。要实现实践主体和实践客体相辅相成、相互促进的有机统一，思政课实践育人必须倡导主体性原则，发挥大学生的主体性作用。“人作为主体是通过他自身的实践活动来参与和接受客观的影响，从而获得主体自身的发展。”① 在传统思政课教学中，课堂教学以教师为主导，从理论到理论，从书本到书本，大学生的主体性没有被充分发掘出来、发挥出来，大学生的参与率、到课率、抬头率不高，教学效果也不好。在实践育人的教育视域中，大学生能积极主动参加各种社会实践活动，改变过去以课堂为中心、以教材为中心、以教师为中心的不足，他们不仅是实践教学的主体，也是活动参与的主体，大学生在实践中实现自我教育、自我管理、自我发展、自我完善，教师在这一过程中只是处于指导和引领的地位。在这里，大学生是认识的主体、实践的主

① 黄济：《教育哲学通论》，山西教育出版社，1998 年版，第385 页。

体，也是自我建构和自我发展的主体。思政课实践教学要以大学生全面发展为目标，以大学生的需求为出发点，凸显实践育人自身的育人功能和教育功能，必须让大学生这一主体在社会实践中建构起自己的认知结构，并在这个建构过程中充分发挥每个个体的主体性，进而实现个人发展和素质提升。

4. 系统性原则

马克思主义思想政治教育理论要求以系统性、整体性为特征来推进思政课实践育人，发挥实践教学的总体性效用。马克思理论视域中的系统性强调相关事物之间的整体性、关联性与有序性等，实践育人是一项系统性、综合性、总体性的育人过程和活动，其各领域各部分各环节之间是相互交织、相互融合、相互补充、相互促进的关系。高校实践育人的系统性原则包括两个方面的含义：第一，实践育人理念变革的系统性。新时代高校思政课所彰显的实践育人作为一种新时代环境发展起来的主体性教育理念，它在培养大学生的主体地位方面具有十分重要的作用。它不仅要求整个社会都要重视实践对大学生成长成才的重要性，而且还要注意高校内部在实践育人中的理念变革，要变主客体分立的师生关系为平等互动和协同齐进的师生关系、变理论教学与实践教学的主从割裂关系为统一一体关系、变知识本位为能力本位、变外在被动的人才培养模式为内在积极主动的人才发展模式。第二，实践育人主体的整体性。实践育人是个复杂的系统工程，要求高校思政课要全员全方位全过程育人，要发挥政府、高校、企业、社会以及家庭在实践育人中的协同功能和整体效用，要有全局性谋划、战略性布局和整体性推进，各个部门、各个环节是紧密相连、环环相扣的。实践教学工作的整个运行过程是个细化的、协作的系统化过程，要把校内和校外、课堂内外统一起来，要在这一系统化的实现实践育人的共同体中得到有序构建和健康运行。

5. 制度化原则

无论是保证思政课实践育人的方向、实现其目标、发挥大学生的主体性，还是促进各部分、各要素的协同合作，都要求制度化的运行机制和考核体系来予以保障。邓小平早就指出："领导制度、组织制度问题更带有根本性、全局性、稳定性、长期性。"① 实践育人要取得实实在在的效果，达到既定目的、实现教育目标，必须要求实践育人和实践教学两个方面的教学大纲、框架设计、实施办法和考核机制等都要做到"有章可循"，均应该在制度、机制规定的原则内实施设计、开展活动。在实践活动与实践育人的过程中，各个主体都要严格按照实践育

① 《邓小平文选》第2卷，人民出版社，1994年版，第333页。

人的规章制度去实施、执行，且要将蕴含在规章制度、指导文件中的精神、要义和原则贯彻到各个部门、各个环节中去，确保各项规章制度得到不折不扣的落实和实施，以保障实践育人工作能够有条不紊地进行，使师生关系达到融洽以及实现各方的目标。

6. 开放性原则

实践教学是在一定的社会环境下运行的。实践育人既需要根据时代的变化与时俱进，也需要根据实践的变化而适时做出相应改变。因此，实践育人要坚持开放性原则。新时代的高校治理需要放眼全世界，育人理念和教学方法必须“面向现代化、面向世界、面向未来”，思想政治教育实践育人的建构与探索也应突破经验视野的桎梏，打破僵化思维的束缚，体现开放性这一根本原则。思政课的开放性原则主要包含两层意思：一是强调实践育人理念、方法和模式不是一个封闭的、固化的教育系统，它为大学生理想信念的培育、思想品德的培养、社会责任感的提高而设立，也必将随着时代的发展、实践的变化、教育的进步而不断丰富、发展；二是实践育人活动作为社会系统和教育系统相互交融、相互促进的组成部分，尤其是作为新时代高等教育系统的一个重要组成部分，必须与时俱进，必须始终保持其对外部环境的流动性、开放性，从外部环境中吸收正能量，在育人的内容、途径、方式上做出相应调整，为大学生成长成才提供广阔的生活空间和外部环境。

（四）实践育人的基本功能

实践育人的功能是基于其内涵和原则而界定的，也是其科学内涵和基本原则在实施、开展中所表现出来的效能和作用。一般而言，实践育人的基本功能主要包括引导、调控、保障、熏陶、规范、发展等六大功能。

1. 引导功能

新时代的大学生通过思政课社会实践提供的多种生动活泼的形式和丰富的载体平台，在实践教学活动中及时转变学习方法和形式，不仅可以认识我国当前经济社会发展的现状、水平和面临的主要问题，了解人民群众生活的现实和最关切的问题、最迫切的需求，还可以反思、检验思政课课堂教学的理论和方法，更科学地认识中国共产党在百年发展历程中对中国命运、中华民族和人类社会等做出的伟大贡献，也更清晰地理解中国共产党对执政规律、社会主义建设规律和人类社会发展规律的把握，并在“两个大局”中摆正、认清自身所肩负的社会责任和历史使命。如此，就可以激发大学生奋发进取、努力学习、报效祖国的积极性、主动性和创造性，增强新时代大学生的时代责任感和历史使命感。

2. 调控功能

调控功能是高校思政课实践育人的又一重要功能。由于高校实践育人是个复杂的系统工程，存在着不确定性不稳定性，所以在实践过程中对偏离目标和培养方向的行为要进行调整和控制，以期顺利实现实践育人的既定目标。调控功能的实现需要实践育人动力机制、运行机制、反馈机制以及评价机制等若干机制内在要素的合力发挥，通过各机制的有效调控，加强各个系统之间的协同运行、有序衔接。动力机制主要是探讨实践育人中外在动力、内在动力与实践主体之间的动能转换，运行机制主要是探究实践育人中育人主体利用各种资源、平台和载体实现育人效能最大化，反馈机制主要是探索实践育人中受教育者对实践内容、实践方法和育人途径的反映，评价机制主要是探求实践育人中各机制之间如何进行协同育人的效用，总结成功经验和做法，查找存在的问题和不足，并将评价结果及时反馈给实践活动的组织者和参与者。在思政课实践育人中，只有增强调控功能，组织者和参与者在目标达成、机制协同、方式采用等方面才能趋于一致。由此可见，高校通过对若干系统的安排、调控，既可增强实践育人的协同效应和整体功能，也能不断提升实践育人的科学化水平和精细化程度。

3. 保障功能

保障功能是高校思政课实践育人的基本功能。为了实现引导功能，达到立德树人的根本目标，必须采用理念、机制、方法、途径等予以保证。调控功能里面的若干机制之间的协同运作，可以化无序为有序、化被动为主动、化无效为有效，保证实践育人根本目标的顺利实现。按照现行实践育人的标准化和规范化来看，实践育人的保障功能主要是通过政策保障、经费保障、人员保障、条件保障等若干个要素组成。国家教育职能部门和学校发布科学的、可操作性的政策，组织方在政策允许内编制预算方案，争取各方面的经费支持，组织安排有关人员（治理者、管理者、教师和学生等）在一定的地点（平台、条件等）实施实践教学，从而促使实践育人顺利开展，达到预期目的。尤其是校内实践平台、校外实践基地、社会志愿活动的开展地以及节假日社会调研的选择地等，都为实践育人顺利实施提供了良好的平台保障。此外，其他方面的充分供给也为实践育人的顺利开展提供了良好的人财物等方面的有力支撑和基础。

4. 熏陶功能

思政课的实践育人主要是通过社会实践来进行，就需要社会环境来衬托。大学生全方位参与实践育人活动的全过程，就是实践育人熏陶功能得到发挥的过程。在参与和体验过程中，这种参与、体验就能够对大学生的言行、思想认识等产生耳濡目染的熏陶作用。实践育人强调大学生作为实践主体的主动性和能动性，学生在思政课教师的引导下参加各种形式和内容的实践活动过程中，在实践活动的设计安排和组织框架中，随着社会实践团队成员的相互交流、相互影响、相互促进，就可以强化对课堂教学的体悟、对实践教学内容的认同、对思政课理论教学和实践教学相统一的认可，潜移默化地接受实践过程所传达的各种教育思想、教育内容和教学形式。另外，在社会实践中通过活动的开展，大学生可以自觉不自觉地培养、形成大局意识、合作意识、奉献意识、创新意识，锻炼、提升认知能力、分析能力、动手能力、创新能力，进而提升品格情操和思想境界，达到实践活动的育人目标。

5. 规范功能

“在现实生活中，人的自由发展必定是在一定的社会规范的基础上进行的。”[①] 如上所述，大学生在参加社会实践活动的过程中，在体验社会实践的环境中，能够培养自身良好的纪律意识、合作意识、服从意识以及求知精神、求新精神和团队精神。当然，思政课的实践教学活动是由思政课的主管部门、实施部门和具体实施者、参与者共同组成的一种整体的社会活动，无论是作为活动的设计者、谋划者，还是活动的组织者、监督者，均有相应的、比较规范的纪律规定、考核办法和运行机制、综合评价等多种要求。这些规范性的纪律、要求、机制和评价等硬性规定就内嵌在思政课实践教学的过程中，促使大学生的思想言行朝着设计者、谋划者、组织者以及监督者的要求去发展、朝着目标去实现。可见，大学生通过思政课的实践教学范式，既实现了个人的自由成长，又接受了社会规则的教化，实现了自身行为的自觉规范和社会要求的外在规范的有机统一。

6. 发展功能

邓小平指出，实践“是培养理论与实际结合、学用一致、全面发展的新人的根本途径”[②]。知行统一自古就是我们认识问题、分析问题和解决问题的重要方法论，也符合马克思主义认识论的内在要义。实践育人本身就是激发大学生的主体性、积极性、能动性和创造性，在社会实践过程中，组织者以活动的开展全面提升大学生的综合素质，进而促进大学生各方面能力的综合提升。在实践教学环节中，大学生既可以在理论联系实际的基础上实现融会贯通，也可以提高对思政课理论知识的综合掌握和运用能力，提升理论认同、价值认同和制度认同、文化

① 陈万柏，张耀灿：《思想政治教育学原理》，高等教育出版社，2007 年版，第 71 页。
② 《邓小平文选》第 2 卷，人民出版社，1994 年版，第 107 页。

认同，培养奉献精神、创新意识、钻研能力和创新能力。当然，大学生参加、开展社会实践的过程也是不断克服困难、战胜自我、获得发展、实现升华的成长过程，学生的主体意识和主体精神在实践过程中得到了深度的唤醒、挖掘和锻炼。同时，在思政课实践教学过程中，这样的社会实践有助于锻炼和培养大学生的实际动手能力、创新能力、独立思考能力以及解决问题的能力，进而实现大学生各种能力的全面提升和综合素质的全面发展。

二、实践育人的目的意义以及育人机理分析

由实践育人的内涵、原则和功能来看，实践育人对立德树人根本任务具有非常重要的意义。讨论其目的、意义，就必须探究、分析其深层的育人机理。

（一）实践育人的根本目的

联合国教科文组织第38届国际教育会议指出："把理论知识用于实践，以及学生参加劳动，是现代化教育的重要组成部分，它们通过提供与外界包括与劳动界更多的接触，促进学生品格的全面发展；除此之外，还使他们个人和集体加深对社会道德、教学和经济价值的理解，教育学生认识不同类型劳动的社会价值和经济价值，向他们反复灌输尊重劳动者和劳动人民的思想。"可见，实践育人不仅符合马克思主义认识论，而且也符合现代学习认知规律，更是培养新时代复合型、创新型人才的战略举措。实践育人以实践教学为载体和形式，是对"以人为本""以学生为中心"等育人理念的复位和践行，努力实现高校思想政治教育认识的三个回归——回归生活实践、回归价值理性和回归社会现实，进而达到培养学生社会责任、提高学生创新能力和实践能力的目标。

可见，实践育人的最终目的就是要解决大学生的"德"和"能"的辩证统一，建立新时代高校思政课实践育人的共同体。"德"即是在实践教学中，使大学生更好地认识社会、了解国情、培养其家国情怀，进而树立正确的世界观、人生观和价值观，成为新时代社会主义核心价值观的认同者、践行者，成长为社会主义事业的合格建设者和接班人。家国情怀的最突出体现，就是培养学生的社会责任感，促使学生形成自身对国家、社会、集体以及家庭所承担的社会责任，以及学生对待各种责任的态度和情感。"能"即是指以思政课实践教学的形式来唤醒大学生的主体意识、培养大学生为国为民的情感以及提升大学生的反思能力、判断能力和创新能力。实践教学在一定程度上是实现了由"坐"中学向"做"中学的重大理念转变和功能转换。"德"与"能"二者辩

证统一的实现都是在大学生的主体意识基础上才形成的，改变了以往思政课一味偏重理论教学的弊端和不足，也纠正了思政课把实践教学作为课堂教学点缀的偏差和错讹的认识误区。

加大实践教学力度、巩固实践育人成效，不仅是新时代高校素质教育建设的重要内容，也是新时代高校思政课改革的重点内容。具体到安徽医科大学马克思主义学院的思政课教学方面，其在学校关于教学改革和教学安排的总体部署下，与学校其他职能部门、学院等开展实践教学，通过校外实践基地的建设与拓展、“三下乡”活动的开展和提升、节假日社会实践调研活动的实施和展开，不断加大实践教学力度，实现了“四个结合”，即：理论与实践相结合、学习与服务相结合、体验性与思想性相结合、个人成长与团队发展相结合等多方面的有机统一和有机衔接；也实现了“四个增强”，即：增强了大学生对中国共产党团结、带领全国各族人民共建美好生活的认同意识，增强了大学生为实现中华民族伟大复兴的使命意识，增强了大学生全心全意为人民服务的宗旨意识，增强了大学生确立自身的发展方向，把个人的成长成才与国家的发展和人民群众的需要紧密结合起来，在为人民服务的实践中实现个人价值的导向意识。

（二）实践育人的现实意义

实践教学和实践育人是辩证统一、相辅相成的有机体，思政课实践教学就是通过社会实践来促进大学生在体验中成长成才，促进大学生德智体美劳全面发展，成为合格的社会主义建设者和接班人。当前，中国特色社会主义进入新时代，对高校思政课实践育人又有新的要求和标准。

1. 实践育人是新时代高校培养德才兼备全面发展的人才的客观要求

党的十八大以来，我国全面深化改革进入深水区，发展期、震荡期和矛盾凸显期三期叠加，社会矛盾明显增多，这种社会环境也对大学生思想政治教育产生了较大挑战。尤其是以历史虚无主义、新自由主义、民粹主义、拜金主义、极端个人主义等为主要代表的社会思潮经过各种新媒体的传播浸入高校学生中间，对正在成长的、社会经验不足、缺乏政治判断力的大学生来讲，是极具威胁的现象。实践是检验真理正确与否的唯一标准，是大学生增强社会认识、认清社会思潮、提高自身本领的重要途径。高校思政课实践育人的工作机制将理论学习与社会实践有机结合起来，是培养创新型、应用型、复合型优秀人才的基本途径。以校外基地实习、志愿服务、课外活动、社会调研等为主要内容的思政课社会实践活动是提升大学生思想素质、政治觉悟、道德水平与文化素养的重要平台，是新时代培养德才兼备、全面发展高素质人才的关键环节。对于课堂教育的不足来强调实践育人的重要性，苏联教育家苏霍姆林斯基就指出：“无论课堂上所学的教材具有多么充实的政治思想和道德思想，但学生在掌握知识的过程中总是把认识的目的放在第一位而思想感情就越远地退居次要地位。”[①] 因此，大学生只有深入新时代中国特色社会主义建设的伟大实践中去，主动融入鲜活的大社会，才能通过实践教学反思理论教学、认识社会问题、承担社会责任，才能体会到党和国家的进步和发展，也才能增强社会责任感和历史担当感，在不断提升个人综合素质的同时，实现社会价值与个人价值的有机统一。

2. 实践育人是新时代高校实现立德树人根本任务的重要途径

党的十八大报告首次将“立德树人”作为新时代高等教育的根本任务，是对党的十七大“坚持育人为本、德育为先”理念的深化和升华。在党的十九大报告中，习近平总书记进一步要求落实立德树人根本任务。《中共中央关于全面深化改革若干重大问题的决定》又再次强调：“全面贯彻党的教育方针，坚持立德树人，加强社会主义核心价值体系教育，完善中华优秀传统文化教育，形成爱学习、爱劳动、爱祖国活动的有效形式和长效机制，增强学生社会责任感、创新精神、实践能力。”[②] 另外，在全国高校思想政治工作会议、全国教育大会、全国思政课座谈会上，习近平总书记一直强调要把立德树人作为教育部门尤其是高校的根本任务，强调教育的“四个服务”，凸显了教育的本质属性和崇高使命的辩证统一。可见，把社会实践教育提升到高校立德树人的根本途径中来也成为党和国家、社会的共识，就是要通过思政课实践教学来提高大学生的思想政治素质、科学文化素养和综合素质，教育引导学生培养、提升其综合能力，培养其创新思维。实践育人是一项系统性、综合性、整体性的复杂工程，是立德树人的重要途径和方式，与立德树人紧密相关、相辅相成。实践育人就是“德”与“能”的辩证统一，通过实践教学和思政课的社会实践活动，可以促使大学生在活动中树立正确的世界观、人生观和价值观，在活动中达到育才、育德和育人的有机统一。另外，结合时代发展特征与大学生的发展需要，思政课实践教学能协调高校、政府、企业等软硬件资源，鼓励大学生参与各具专业特色的校企合作，将大学生的社会实践与社区服务紧密联系，构建高校、政府、社会、企业、社区共同参与的实践协同育人模式。

---

① ［苏］苏霍姆林斯基：《和青年校长的谈话》，赵玮等译，教育科学出版社，2009 年版，第562 页。

② 《中共中央关于全面深化改革若干重大问题的决定》，人民出版社，2013 年版，第42、43 页。

3. 实践育人是新时代高校培育和践行社会主义核心价值观的关键环节

社会主义核心价值观作为社会主义核心价值体系的最凝练表达、最集中体现，正确处理好了国家、社会和个人三方面的要求和关系，是我国社会的主流价值观，是包括大学生在内的全体社会成员应该普遍遵循的价值准则与行为规范。社会主义核心价值观的形成与发展植根于中国特色社会主义伟大实践，因此它不仅是一个科学的思想价值体系，更是一个系统完整的实践体系。培育和践行社会主义核心价值观既是新时代高校思想政治教育工作的重要内容，也是思政课实践育人的重要环节和主要内容。实践育人与社会主义核心价值观具有高度的契合性。推进新时代高校思政课实践育人的科学发展，有利于大学生实现对社会主义核心价值观的认知、认同、内化与践行。实践育人是新时代高校培育和践行社会主义核心价值观重要的、有效的载体。加强高校实践育人，其目的是要引导大学生走出校门、走向社会、走入群众，通过支持大学生参与基地实习、志愿服务、节假日调研等社会实践活动，能有效加深大学生对新时代中国特色社会主义的国情与民情的理解，增强新时代大学生的“四个自信”，深化大学生对社会主义核心价值观不同层面所蕴含的价值准则的认同，促进大学生将核心价值观内化于心、外化于行，从而使大学生坚定中国共产党的领导，深刻认识中国共产党作为中国特色社会主义的最本质特征的内在规定性。

总之，高校通过实践教学，构建知识与能力、过程与方法、情感与价值观“三位一体”的评价体系，力求全面、客观反映大学生的马克思主义理论素养和道德品质，调动学生参与思政课的积极性和主动性，达到思政课实践育人的“大思政”格局。

（三）实践育人的育人机理分析

从实践育人的意义和目的来看，实践育人都是实践教学的出发点和落脚点。既然谈及实践育人，就要探讨实践育人的育人机理和内在机制。从某种意义上讲，实践育人过程是学校教育育人过程和社会实践过程的有机统一。从这一过程中看，实践育人既是学校教育和课堂教学的延伸、拓展，也是大学生参与社会实践过程的形式和结果。因此，实践育人的育人机理就是社会对大学生的思想道德要求以及大学生在社会实践活动中相互作用、相互联系的机制和原理。这一机理主要从群体（人与社会）和个体（自我教育）两个维度来探究。

1. 群体教育的内在机理

群体教育的内在机理主要来自实践育人的系统性原则，系统性要求我们要从理念上和主体上对其进行整体意义上的把握和研究。正如马克思所说的，人是一切社会关系的总和。实践育人的实效性的获得不是单个教育者的结果，而是教育者所在的社会各单元（学校、政府、社会、家庭、个人等以及其他因素）相互联系、相互作用的合力之结果。实践育人是学校教育、社会教育、自我教育的有机统一。受教育者在实践活动的组织下，把三者有机融合起来。“人的社会化，人的成长、成材，是师塑和自塑的合金，是内外因共同作用的结果。只讲外因的外塑论和只讲内因的内塑论各有其片面性。”① 从这一维度上看，社会教育与学校教育的目标是一致的。

实践育人比较注重大学生的社会化过程，社会教育是大学生社会化的重要途径。良好的社会教育有利于大学生思想政治品德的形成与发展，有利于大学生的综合素质的提升，进而实现大学生的社会化。社会化是社会对大学生的教化与养成，也是大学生适应社会的主动过程，是社会（群体）与个人之间互相作用的过程和统一。

大学生进入社会，首先是观察经济活动、社会关系、社会行为等社会现象，这些现象以直观的方式投射到大学生眼里，他们会对这些信息进行筛选、吸收、加工、重构，一定程度上将影响他们的思想、情感和行为，影响自己的社会化进程。在社会教育中，大学生根据社会所提出的要求，促使他们对外界传递来的信息进行加工和吸收，引导他们的思想认识不断更新、变化、提升，并对自己在社会中的地位重新定位、矫正，对自己的社会角色有个更清晰的认识，并为了获取合理的社会角色和地位进行努力。

另外，大学生在社会实践中，对照自己所处的社会地位、社会角色，会进行自我评价，然后改正缺点，调整努力方向。当自我评价高于社会现实的时候，大学生会降低自我期望，促使自己的认知和评价符合社会现实；反之，当自我评价低于社会现实的时候，大学生会进行自我否定，认识到自己的不足，提升自己的希望，力求自己的评价接近或者符合社会实际，从而有利于自己在社会中的位置和角色的定位，更好地适应社会，促进社会化的顺利实现。

谈及实践教学，它一般采用团队形式或者小组形式，团队教学中的组织性、群体性等一般比个人单打独斗的效果要好。他们在团体活动中，个人不仅要受到团队或者小组中其他人员的影响或者制约，而且每个成员都要通过这样那样、显性或隐性的方式去影响他人。这样，个体教育与群体教育相互结合、相互作用，个体意识在群体意识中就能得到升华，群体意识也能通过合力机制使教育效用最

① 程文晋，渠长根，武彩鸿：《自我教育论》，气象出版社，1998 年版，第 187 页。

大化，这就是群体教育的内在机理。

具体到实践育人，实践教学采取的团队形式促使大学生在活动中彼此协作，相互学习、互帮互助、交流心得，也可以在无形中加快形成个体对群体（团队）的归属感和认同感，这是一种无意识的行为和心理范式。团队中蕴含的积极向上、协作团结、乐于助人、向上向善等精神风貌，会在无意识的行为中得到传播和扩散，个体在集体活动中，如果其他成员都在为设计者（组织者）的活动做出各自的努力或者工作，而仅仅极少数人不去努力工作，无所事事，那么其他成员就会产生不满。除非极少数人不想让活动完成，那么他们就必须端正态度、抑制自我、改变行为、完善方法，必须去和其他成员进行沟通、交流、合作，就会思考自己的观念、方法有何差距和不足，会根据实践活动的变化发展，自己能适时做出调整，并调节自己的思想和行为，从而实现示范教育、完善自我、提升自己。

此外，在实践教学过程中，组织者还能通过群体中非常有代表性的个体行为来感染其他成员，譬如学生党员、学生干部等优秀学生的言行举止，这些优秀学生的示范意义对其他成员而言也具有提升影响。每个大学生都是一个具体的、活生生的人，每个人的认知能力、学习能力、接受能力、创新能力等都具有一定的差异。因此，优秀成员的言行举止会对其他表现一般或者效率低下的同学产生正相关的影响，表现平平的同学在看到这些情况后就会模仿、跟进、趋同，从而克服困难、补齐短板、提升效率、达到目标。

2. 个体教育的内在机理

个体教育的内在机理源自实践育人的主体性原则和开放性原则，这就要求我们在实践教学过程中把握个体的特殊性和创造性，使个体不仅在群体氛围中得到熏陶、成长，还可以为群体发展贡献能量。探寻个体教育在实践育人中的内在机理对把握实践育人规律、提出实践育人措施、提升实践育人效果等，无疑都具有重大的现实意义和理论意义。

团体的任务目标还要落实到一个个鲜活的个体成员身上。团队是由个人有机组成的。无论是实践教学的团队形式，还是实践育人的集体模式，归根到底还是要靠个体的行为、作用和付出。发挥主体、提升个人、完善自我都是实践育人的落脚点和归宿。

具体到实践育人中，大学生在指导教师的组织下亲自参加社会实践教学，这本身就是一种体验。体验是主体不通过任何中介或媒介直接与客体发生关系或作用，是主体的生理与心理、感性与理性、情感与思想等辩证统一的矛盾运动过程。它主要体现在实践层面和心理维度：在实践层面上，大学生参加社会实践活动，以自己的言行举止来完成自己的任务和目标；在心理维度上，大学生能以自己担任的社会身份或者角色去参加社会实践活动，尤其是在田间地头、工厂企业、实践基地等社会场所内参加劳动，在体验中加深对劳动的认识、对劳动人民的情感，就会理解他人、同情他人、产生相应的情感共鸣，就可以在体验中强化自身的精神归属和价值认同，进而做出相应的道德行为。

体验之后的心理过程一般就是认同，认同主要是情感成分，就是对党和国家制定的基本路线、基本方针和基本政策的认同接受，能自愿接受他人的观点，并能根据实际情况求同存异。这种“同”主要体现为政治认同、文化认同和价值认同。思政课的实践教学可培育大学生的社会主义核心价值观，内化于心、外化于行。这种转化就是大学生在情感认同之后，结合自身的信念、价值观等做出的是非判断，这是根本态度的转变和跃升。态度也是一种认识，也来源于实践。正如学者杨芷英所指出的，“丰富的社会实践是正确的社会态度形成和错误的社会态度改变的有效途径”①，情感、观念和行为之间的变化是相互联系的。大学生在实践教学过程中，看到现实生活与自身的见解和认识有偏差，他们就会在情感认同之后发生心理上的改变，继而在行动上进行调节、转化，达到“现实我”与“理想我”、“小我”与“大我”之间的辩证统一。

这种转变就带有反省的意蕴。反省就是主体以批判性的思维来看待周围世界和环境，对存在的不良现象提出怀疑，重新进行思考和判断，得出不同于以往的认识，从而推动认识向前发展。反省的同时就是通过自我批判来改正错误、调整不足、克服弊端，实现自我教育、自我完善、自我发展。尤其是大学生经由实践教学得到了历练和体验，就能以一种批判性思维看待人与自然、人与社会以及人与人之间的关系，就能在质疑中思考人生、社会存在以及价值观等议题，从而激发问题意识，培育创新精神。

通过社会实践，大学生在反省中得到理性认识，对事物有了整体把握和系统认知，他们会将自己的目前所得与既定的任务目标进行联系、比较，随时克服不足和缺陷、自我批判、矫正方向。他们会认识到自身的行为对社会有益，能被社会所承认，就会抑制自己不好的方面，努力增大这种有利的方面，这种心理体验会产生一定的社会优越感和满足感，激发自己更大的兴趣和责任，增强实现目标的自觉性和主动性、积极性和创造性。这种主动性、积极性和创造性的转化和变

① 杨芷英：《思想政治教育心理机制研究》，红旗出版社，2005年版，第302页。

化就是大学生实现自我升华的表现。大学生通过社会实践活动，认识到自身水平与社会要求的差距，就会刻苦学习、奋起直追，并在努力过程中得到进一步的提升。随着思想品德、认知水平等综合素质的不断提升，大学生可以顺利地吸取教训、认识不足、客观看待失败，进而磨炼意志、不断提高自我综合素质，为以后进入社会奠定较好的基础和前提。

三、当前思政课实践育人存在的弊端和不足

随着党和国家对思政课教学重视的日益提升以及高校思政课改革的深度推进，高校治理者、职能部门负责人、马克思主义学院以及思政课教师等主体对实践教学也越来越重视，学生参与思政课的积极性较之于以往显著提高。但总体上讲，思政课实践教学理念还不先进、机制还不完善、方法仍有不足，在社会、学校、教师以及学生本身方面都存在不少问题，一定程度上影响了思政课实践育人的实效性。

（一）社会层面

1. 实践教学形式单一、途径不畅

大学生朝气蓬勃、好奇心强、创造力强，要求思政课教学不仅要通过理论知识来塑造和培育青年，更要通过“寓教于行”的实践教学方式来提升思政课教学的效果。大学生也知道，通过社会实践活动，不仅可以把自己学到的理论知识转化为实际行动，而且一定程度上也能形塑自身的世界观、人生观和价值观。但实际上，目前的实践教学形式比较单一，大多是在实践基地或者厂房、企业等看看、转转、问问。这种单一的表面形式达不到实践教学所需要的多样化要求。同时，实践教学途径不畅，也影响到其实效性的发挥。

2. 社会人士对实践教学热情不够

思政课实践教学的基地建设需要社会各界人士的支持和帮助。但由于实践教学的形式单一、效果不彰也导致社会人士对思政课社会实践热情不够。一部分人认为思政课实践教学就是教师带着学生玩玩，是一种自我放松、休闲娱乐的手段和方法，对社会实践基地建设意义不显著，社会推广价值也不大。同时，基地负责人一般都把基地建设与效益、利益挂钩，如果思政课实践基地建设或者实践教学达不到其需要的标准、要求和愿景，他们一般对实践教学更缺乏信心、热情和支持。

（二）学校层面

1. 实践教学责任制度不健全

思政课实践教学相比于课堂教学，主要是到课堂外进行活动。但是出于安全稳定方面的考量，无论是校院领导、学生辅导员，还是实践教学的领导者、组织者，都非常担心安全事宜，常常出现权责不清的问题。甚至有的思政课教师担心出安全事故，干脆就不组织实践教学，认为还不如把精力、时间用在课堂教学和学术科研上。思政课实践教学需要责任制度和安全制度的保障，否则就难以开展，也不能取得实效。有的高校没有形成科学合理和切实可行的思政课实践教学的教学计划、教学大纲、教学安排、考评体系和质量监控体系，致使教师和学生面对实践教学“无所适从”。此外，对实践育人效果也缺乏相应的评价体系，教学管理部门对思政课教师的评价机制比较模糊，思政课教师有时对学生参与社会实践的考核评价也较为模糊，通常是上交一篇调研报告、心得体会就算完成了既定任务和考核指标，达不到实践育人的既定目标，实践教学的效用也难以彰显。

2. 实践教学经费短缺

实践教学作为提升思政课实效的一种比较好的方式方法，自然受到大学生、思政课教师的青睐，当然也需要一定的经费作保障。但是囿于社会、高校等多种因素，实践教学的经费相比于其他课程，还是比较少的。有的高校领导认为思政课实践教学就是放松心情、出去游玩，没有看到实践教学所蕴含的价值所在和意义所在，导致学校对思政课实践教学的投入不够，政策、保障和经费也是捉襟见肘。以至于思政课教师认为思政课实践教学难以开展或者难以收到实效，就是经费短缺的缘故，这就难以实现“实践教学全覆盖”，也制约了实践教学形式多样化的开展，阻碍了大学生对实践教学的基本认知、良性参与。目前少数高校对校外实践基地建设重视程度不高，校外实践基地的数量严重不足，并且也不够长期稳定，大学生的专业实习以及毕业设计往往流于形式，达不到预期目的，影响了大学生实践能力和创新精神的培养。

（三）教师层面

1. 专业教师数量较少、能力较弱

思政课实践教学的专业化程度要求很强，对思政课教师的理论储备和组织能力、协调能力等提出了更高要求。实际上，专业化的思政课实践教学的指导教师比较少，在一定程度上影响了实践教学的效果。另外，实践教学中一部分思政课教师对参加社会实践活动的大学生指导较少或者效果不佳，甚至不在场、没有指

导，活动中大都是学生干部、学生党员在忙碌奔走、开展活动。有的思政课教师是初入职场的青年教师，由于自身社会阅历浅，缺乏将理论转化为实践的能力和水平；有的思政课教师所采取的教学方式较为落后，即使开展了实践教学，但由于实践教学水平不高，也达不到思政课实践教学的要求和标准，对实践教学的指导缺乏专业性、科学性，也阻滞了思政课实践育人实效性的提升和增强。

2. 指导性理论研究不够

思政课实践教学是一门实践性强的科学，要求实践教学教师不仅要具备丰富的理论知识，还要能把实践教学、实践育人的新理念、新范式和新方法、新路径等融入思政课实践教学中去，更要能正确把控实践教学运行的方向。但是，部分思政课教师惯于运用传统的范式、方法和途径进行教学，在思想观念上难以接受新的教学理念范式、方式方法，因循守旧、墨守成规，难以探索到高价值、指导性很强的创新理论。如此开展的实践教学，往往带有较多的主观性和随意性，这与马克思主义的认识论和实践观相背离，不符合实践教学对专任教师的内在要求，在一定程度上制约了思政课“实践教学全覆盖”的实施和实践育人的开展。

（四）学生层面

1. 对思政课实践教学了解程度不深、重视程度不够

部分大学生对思政课实践教学了解程度不深。从社会实践基地的接待者、负责人的反馈情况来看，一部分同学对实践教学的既定目标、价值理念、主要原则、制度安排以及实现方式等认知不清晰、了解不深入。他们认为实践教学就是思政课教师通过这样那样的方式组织部分同学到企业、工厂、社区等地方开展社会实践活动，就是让师生都能放松、休闲的一种方式。如此的视野和认知，自然而然就会导致大学生对思政课实践教学重视不够。

2. 积极性不高

目前大部分高校都对人才培养等工作做了详细的安排和规划。大学生学习任务重，尤其是医学生，对参与实践教学的积极性不太高，仅仅把它当作争取学分的一种手段和方式。部分大学生对自身主体角色认识不清，认为思政课教师是主导，也是主体。加上学校和教师出自安全、组织以及外出因素的考量，仅仅把一些学生干部、学生党员等优秀学生纳入实践教学的队伍中去，其他大部分同学没有参与到实践教学中去。这种以点带面的活动方式达不到实践教学的基本要求和育人目标，自然而然也导致了大学生对实践教学的兴趣降低。

如上所述，目前的思政课实践教学面临一些不足和弊端，这不仅使思政课没

有达到国家要求和标准，也影响了大学生综合素质的提升，对高校立德树人根本任务的完成产生了不利影响。因此，我们需要在教学理念、指导原则、教学内容、管理机制以及教学方法、教学反馈等方面给予创新，以便提升思政课实践教学的效果，更好地实现实践育人的最终目的。

四、思政课实践教学全覆盖的育人理念

我们要系统探究思政课实践教学全覆盖的育人理念，必须从哲学维度整体观照思政课实践教学全覆盖的内涵特征、方案设计以及机制保障等基本论域，以期实现思政课实践教学的整体目标和实践育人的时代价值。

（一）思政课实践教学全覆盖的哲学意蕴

思政课实践教学的最终目的还是实践育人，其全覆盖（即覆盖全部高校、高校教学教育各环节、所有思政课程、全体大学生以及大学生学习的全过程等）就是实现全方位、宽领域、系统化、立体化、多维度的育人目标，促使思政课实践教学达到其应有的功能和作用。从哲学层面上来看，思政课实践教学全覆盖的哲学意蕴主要体现在以下三个方面。

第一，世界的物质统一性原理彰显了一切从实际出发、实事求是的重要性。物质决定意识，意识对物质具有反作用，世界统一于物质。这就要求我们在认识世界和改造世界的过程中，坚持实事求是，一切从实际出发。党的十八大以来，以习近平同志为核心的党中央团结带领全国各族人民励精图治、扎实奋斗，取得了历史性成就，发生了历史性变革，促使中国特色社会主义进入新时代，这一历史方位也带来社会主要矛盾的转化。当前世界正经历百年未有之大变局，中华民族伟大复兴也进入关键时期，“两个大局”交汇交融要求教育事业为中华民族伟大复兴提供基础地位。坚持把立德树人作为根本任务、优先发展教育事业、提高教育质量等，尤其是推进高校思政课改革创新成为习近平总书记关于教育重要论述的核心要义和主要内容。当前高校思政课建设已取得较大成就，但是在教学效果、教学研究、教材内容、队伍结构、体制机制以及协同育人等方面还存在一些问题，还没有跟上社会实际发展。因此，倡导、实施思政课实践教学全覆盖的教学理念和整体安排既体现了新时代高等教育改革创新的内在要求，也彰显了思政课实践育人的现实性和针对性。

第二，普遍联系和永恒发展凸显了系统思维的重要性。马克思主义哲学认为，世界上一切事物都是普遍联系的，都处于不断变化发展之中，要求我们以整

体和系统观点来观察事物和分析问题。思政课实践育人通过实践教学来实现目标，实践教学全覆盖就是实践教学要覆盖全部高校、全部环节、全部课程、全部学生以及学生学习的全过程。党的十八大以来，以习近平同志为核心的党中央非常重视高校思政课建设，从社会主义的建设者和接班人以及民族复兴的战略高度加强思政课教学工作，使思政课成为大学生终身受益、知行统一的“金课”。2016 年 12 月，习近平总书记在全国高校思想政治工作会议上强调，要把思想政治工作贯穿教育教学全过程，强调“要用好课堂教学这个主渠道”，更要“广泛开展各类社会实践”。2018 年 9 月，习近平总书记在全国教育大会上更是强调教育是“国之大计、党之大计”，“要把立德树人融入思想道德教育、文化知识教育、社会实践教育各环节”。尤其是 2019 年 3 月，习近平总书记在全国学校思想政治理论课教师座谈会上强调“八个统一”，这“八个统一”就是把思政课建设与社会实践相统一、把理论教学和实践教学相协调，旨在提高思政课的实践性、实效性。因此，思政课实践教学全覆盖要求管理和服务、教育和教学、课程和教材、理论和实践、载体和方法、硬件和软件等在实践教学中达到协调统一，进而发挥实践育人的立体功能和整体效用。

第三，实践和认识的辩证关系原理以及认识的过程、内在机制要求必须重视实践第一和实践决定认识的观点。显然，思政课实践教学的最大亮点是思政课的理论联系实际，并将思政课的育人功能通过实践方式和社会活动予以凸显。思政课实践教学的最直接理论来源是马克思主义的认识论，“人的正确思想只能从社会实践中来”，这一话语凸显了实践教学所蕴含的实践与认识之间的辩证关系，实践教学对个体思想认识、意志品质的形成以及大学生成长成才都具有重要影响。2019 年 3 月，习近平总书记在全国学校思想政治理论课教师座谈会上强调“八个统一”，其中第四个“统一”，即“要坚持理论性和实践性相统一，用科学理论培养人，重视思政课的实践性，把思政小课堂同社会大课堂结合起来，教育引导学生立鸿鹄志，做奋斗者”。这个“统一”就是凸显实践教学和实践育人的重要性，提高了思政课的有机性，彰显了实践教学的实践性。同时，实践教学也秉承了陶行知提出的以“生活即教育”和“教学做合一”为核心的生活教育理论，实现了思政课理论灌输与实践引导、显性教育与隐性教育、封闭教育与开放教育相结合的内在含义和辩证统一。

可见，党和国家一直把加强学生的社会实践教育、把实践教学纳入党和国家的重要部署中来，凸显实践教学的价值和功能。尤其是党和国家在改进大学生思想政治教育的意见中明显指出：社会实践是大学生思想政治教育的重要环节，对于促进大学生了解社会、了解国情，增长才干、奉献社会，锻炼毅力、培养品格，增强社会责任感具有不可替代的作用。显然，思政课实践教学的组织和开展，不是为了"实践而实践"，而是为了要让大学生在鲜活的社会实践中、在理论与实践的张力中，更好地领悟马克思主义理论的真谛，促使大学生树立正确的世界观、人生观和价值观，更好地提升学生自己的社会实践能力和综合素质，以便将来比较容易地进入社会、适应社会发展。

（二）思政课实践教学全覆盖的育人理念

如上所述，思政课实践教学不仅要覆盖所有高校、所有思政课程，也要覆盖全体学生以及整个育人环境。这一全覆盖蕴含着丰富的育人理念和价值。提升高校思政课实践教学全覆盖范围，彰显其实践育人功能、高扬其实践育人意蕴、体现其实践育人活力，必须坚持科学的基本理念。其基本理念主要包括以下五个方面。

1. 坚持问题导向

问题是时代的声音。以问题为导向凸显其意义和作用，是实践教学全覆盖的关键。实践教学要善于在大学生学习过程中发现问题、直面问题、研究问题、解决问题，才能把思政课实践教学的宗旨和意义贯彻到底。思政课实践教学全覆盖，必须坚持问题导向，围绕实践教学的中心所在、实践教学的意义功能等关键词，把实践教学的范式、学生学习的痛点和困惑通过解决实际问题充分显示出来，把大学生关心的热点、遇到的难题及时解决、有效解决，并在问题的解决中提升实践教学的育人功能，真正使实践教学成为克服理论教学不足的新范式、新方法、新途径，成为学校实现立德树人根本目标的重要力量，同时也促使高校思政课教师在有效解决大学生存在的实际问题中提升教学技能，达到教学相长的双重目的，进而促进大学生自由而全面发展。

2. 坚持以人民为中心

马克思主义的价值诉求和终极目标是实现人的解放、发展。以人民为中心是习近平新时代中国特色社会主义思想的价值旨归，也是中国共产党人执政的出发点和归宿。习近平指出："如果我们脱离群众、失去人民群众拥护和支持，最终也会走向失败。"① 因此，我们要"把群众工作做实、做深、做细、做透"②，

---

① 习近平：《紧紧围绕坚持和发展中国特色社会主义 深入学习宣传贯彻党的十八大精神》，《人民日报》，2012 年 11 月 19 日（01）。

② 习近平：《全面贯彻落实党的十八大精神要突出抓好六个方面工作》，《求是》，2013 年第 1 期。

“坚持抓常、抓细、抓长”。高校坚持以人民为中心，必须坚持以学生为中心。要充分肯定学生在高校发展、实践教学中的主体地位和作用，真正使学生成为高校治理建设、改革创新、实践教学的主力军；要切实尊重学生、依靠学生、解放学生、发展学生，把学生看作实践教学质量提升的源泉、主体，使学生成为高校社会关系的承担者和高校发展的受益者。授课老师在思政课实践教学中，要尊重学生主体地位，发挥学生首创精神，保证学生正当权益，促进学生全面发展，在思政课实践教学过程中力求“科学维度”与“价值维度”的有机统一。

3. 坚持创新开放

思政课实践教学在现实的组织形式和组织活动中，要正确处理好政治性与多样性、继承性与创新性、现实性与虚拟性以及内容与形式、目的与手段等诸多关系问题，结合新时代高校思政课建设的新要求、新形势、新问题，解放思想，实事求是，与时俱进，求真务实，面对不同的工作语境、对象，从内容、形式、载体、方法、手段等方面进行改进和创新，提高实践教学工作的质量和作用，提升立德树人的教学效果。譬如安徽医科大学马克思主义学院开展的实践教学标准化建设，就是以扩大大学生参与度为基础，以大学生主体意识的觉醒和发挥为主线，以提升大学生的实践能力和创新意识、团队精神为目的，旨在解决思政课教学形式单一、发展引领作用虚化、教学效果不佳等问题，在主要内容、队伍建设、教育形式、案例示范、运行机制和发挥作用等六个方面来加强思政课实践教学的标准化、制度化、规范化建设，既遵循了党和国家思政课建设的科学理念，又彰显了自身思政课建设的开放创新精神。

4. 坚持整体系统

理论是务虚的，需要实践工作来做支撑。针对部分教师的思政课实践教学存在的重形式轻内容、理论与实践相脱节的弊端和不足，新时代思政课实践教学效果的提升需要结合大学生的实际工作来加强，去虚化、祛形式、戒空洞，讲实效、重内容、求真切，把实践教学的关于队伍建设、大学生素养提升的路径、方针与政策的主要精神和基本内核，通过思政课的实践工作来加以贯彻、凸显，把路径和方针的要求具体化，积极培育实践意识和整体观念，提高思政课教师的实践工作能力，在教学实践的具体工作中凸显实效，并把在具体工作中提炼出来的科学经验加以制度化、规范化进行推广，从而真正提高实践教学的引领力、吸引力、创造力，切实解决思政课实践教学存在的若干问题和不足。

5. 坚持知行统一

理论符合实践的特质是马克思主义保持科学真理、与时代同进的科学属性。思政课实践教学效果的提升，不仅需要以习近平新时代中国特色社会主义思想以及高等教育法、思政课建设要求来加强思政课教师自身建设和提高大学生自身的综合素养，而且更重要的是要把习近平总书记关于教育的重要论述与思政课的实际工作相结合，赋予、复归思政课实践教学以政治功能，把思政课实践教学效果的提升体现在思政课课堂教学、实践教学、基地建设、“三下乡”活动、社会调研等领域中，彰显在学校立德树人根本任务的教学、管理、科研、服务等环节中，外溢在学校的政治引领、社会责任、服务国家等实践中，进而凸显思政课实践教学效果提升的系统化、规范化和制度化，达到了知行统一，做到了继承与创新的统一。

因此，新时代加强思政课实践教学建设，必须凸显出“五个有机”，即把坚定理想信念、选拔优秀教师、抓实实践作风、建好组织形式、完善制度建设、突出教学实效等有机融合起来，把实践教学的科学内涵、目的意义、原则功能、内在机理、实施方案与制度建设等有机统一起来，把案例示范、教学科研、管理服务、实践育人、社会责任与立德树人根本任务等有机联系起来，把思政课实践教学的提升与落实党的全面领导、提升党的治理能力、有效解决思政课存在的问题、提高思政课协同育人效果、培养新时代的社会主义接班人等有机协调起来，更把新时代与实践教学新理念、新范式、新形式、科学理论与崭新话语等有机衔接起来，从而为全面提升思政课实践教学的效果进一步指明方向、提供保障。

第三节　实践教学与大学生能力的提升

实践教学是高等学校整个教学活动中的一个重要环节。社会实验、公益劳动、社区服务、社会调查等一系列实践性教学活动，不仅能帮助大学生完成对理论知识的验证，还可以强化和拓展实践教学的直观性和可操作性较强的优势，从而培养、训练学生的实践能力和创新能力。

实践教学是对课堂知识的解读和重构，更是对大学生能力的塑造和提升。谈及思政课实践教学，它是让思政课“活起来”、使学生“动起来”、让学生与社会“连起来”的重要载体，在思想观念上推进“三个转变”，在指导思想上着力“三个符合”，是以培养学生的创新实践能力为核心的教学发展思路。“三个转变”即课堂教学目标上从知识掌握向知识、能力和人格协调发展转变，教学方法上从灌输式教学向研究性教学、实践性教学转变，教学质量评价上从重视“教”的评价向重视“学”的评价转变。“三个符合”即人才的培养应符合社会发展的需要，符合人才自身发展的要求，符合高等教育的内部规律。“三个符合”是落实党的教育方针的根本要求，是国家、社会和个人相统一的必然结果，是实现高等教育科学发展、内涵式发展的必然要求。

一、提升大学生的认知力和学习力

（一）认知力的提升

在网络时代和信息社会中，高校通过实践教学来提升大学生的认知力和学习力，对提升大学生的自我认知、自我发展、自我完善能力非常重要，更能体现当前加强素质教育的重要性和紧迫性。

实践是主观见之于客观的具有创造性的活动。人的认识和能力来源于实践，谈及认知力就必须提及元认知理论。关于元认知理论，根据美国发展心理学家约翰·弗拉维尔的观点，元认知就是指认知主体对自身认知活动的认知。认知主体在学习过程中对学习活动进行自我调节、选择和控制，包括对当前正在发生的认知过程（动态）和自我认知能力（静态）以及两者相互作用的认知。元认知活动是一个复杂、系统的活动过程，它包括三个组成部分：一是元认知知识，即个体关于认知主体、认知对象、认知策略等方面的知识，这是元认知的前提和基础；二是元认知体验，即伴随着个体的认知活动而产生的感性认知或情感体验，这是元认知的重要步骤和中间环节；三是元认知监控，即个体在认知活动过程中，对自己的认知活动进行积极而自觉的监控和调节，包括制订计划、实际控制、检查结果、采取补救措施等环节，这是元认知的重要保障。在整个认知过程中，元认知的三个方面内容是相互联系、相互影响和相互制约的，其中元认知知识是形成元认知情感体验和进行元认知监控的基础和前提，元认知体验是进行元认知知识学习和元认知控制的激活力量和关键环节，而元认知控制是个体获得元认知知识和情感体验的制约力量。元认知能力就是表现在元认知知识、元认知情感体验和元认知监控等三种因素相互作用的不同方式上，它是建立在一定的元认知知识和情感的基础上，对自身的认知活动进行调节和控制的更高级的能力①。

鉴于元认知理论以及其内部各要素之间的关系，我们可以把它运用到思政课的实践教学中去。在传统的思政课课堂教学过程中，它以“理论灌输”为主，教师占据主导地位，学生的主体性没有完全发挥出来；而在思政课实践教学中，大学生的元认知能力被激发出来、得到培养，学生的自主学习成为可能，也能促使大学生更快更好地适应社会、发展自我和实现自我。主体教育理论认为，大学生既是教育的对象，又是学习、认知和发展的主体，教育的作用就是通过理论学习、实践锻炼等形式把人类的文明成果、知识理论转化为学生的知识财富和才能，使学生具有合理的知识结构、智力结构和方法结构。因此，体现学生主体性的实践教学是师生共同参与、相互交流的多边活动、双向活动，专业指导教师是教学活动的组织者、指导者、引领者，学生是自我发展的自主参与者、探索者和创造者。

思政课社会实践教学环节把元认知知识、元认知体验、元认知监控等有机统一起来，培养了大学生的元认知能力，提高了大学生对自身主体性的自知、自控、自主的程度，并激发他们自主参与实践活动的内在动力，有助于增强他们对实践教学的构成、性能与理论课程的关系、发展动力、发展方向以及基本规律的把握能力，培养其观察能力、思维能力和想象能力、动手能力，也为大学生学习理论知识提供了新视角、新思路、新方法。

（二）学习力的提升

思政课的传统教育教学模式是以教师为中心，学生缺乏积极性、主动性和创造性，学习力的提升也大打折扣。而思政课实践教学是以学生为主体，诱导学生在实践中发挥自身的积极性、主动性和创造性，进而培育、提高大学生的自主学习力。

实践教学可以促进大学生的自主学习，在实践活动中不仅能激发学习动机、形成学习目标，而且可以完善学习方法、增强学习兴趣。关于自主学习，其理论基础主要是人本主义和建构主义，两者都强调学习过程中学习者的主观主动性和自主学习力。它发轫于20世纪五六十年代的美国，人本主义理论家（如麦克库姆斯、罗杰斯等）在教育实践中倡导以学生经验为中心的“有意义的自由学习”②，认为教学活动的主体是学生，是学生在学习过程中的情感、体验和行为

① 吴淑娟：《大学生的元认知能力及培养》，《理工高教研究》，2002年第1期。

② 冯忠良，伍新春：《教育心理学》，人民教育出版社，2000年版，第59页。

的有机统一体，而并非教师和教师的讲授、检查和考试的简单综合。在这种学习模式中，教师不再是知识的传授者和示范者，而是学习者的指导者和协作者，重点是培养大学生的自主学习力。另外，作为认知心理学不断发展的产物——建构主义，其理论学家（如皮亚杰）也认为，学习主要是学习者自己建构自己知识的独立过程，每个学习者通过学习（主要是社会实践）对原有知识进行加工、理解、定位和建构，学生不再是被动的信息接收者，而是知识的主动建构者，师生之间是一种基于实践的双向互动过程。在当今的知识经济时代，思政课教师在实践教学中应该树立主体性的教育理念，构建师生双向互动、相互促进的教学范式和实践模式，还应积极引导学生主动参与社会实践，在实践活动中激发他们产生自我教育、自我训练、自我完善、自我发展的需要，主动在实践中得到锻炼，从而完善自我。

二、增强大学生发现问题、分析问题和解决问题的能力

传统的实践教学内容简单、方式单一，缺乏创造性和创新性，偏重于对大学生所学理论知识的验证和巩固，以强化和模拟大学生所学的理论知识为目的，学生缺少对知识的实际应用，这样自然而然就导致大学生的动手能力较弱。而创新性的实践教学以提高学生独立思考、发现问题、分析问题、解决问题为目的，从而提高学生的自主学习能力，对所学的知识能够在实践中灵活运用。大学生动手能力的培养、提升，需要走进社会这个广阔的舞台。社会实践是培养大学生认识和观察社会、训练应用能力和操作技能的重要环节，是大学生创新能力培养的重要载体，也是检验他们创新思维的重要渠道。社会实践不仅要求大学生对所学专业知识和技能进行综合运用，实现理论与实践的有机结合，而且能促使大学生通过社会实践，进一步提高其分析问题和解决问题的能力，并在具体工作中逐渐培养大学生的动手能力和创新精神。

具体到思政课教学中来，高校中的思政课教学要凸显其价值功能和培养目标，必须以实践教学来调动大学生的积极性、主动性和创造性，充分发掘其在实践教学、社会实践活动中的主体地位，增强其主体间性，最终提高大学生发现问题、分析问题和解决问题的综合素质和能力。譬如，“动手做”科学教育项目是由法国科学院和法国教育部合作进行的一个项目，该项目旨在提高学生的科学教育水平和动手能力，正是社会实践教学的国外版本。2000 年，中国教育部和法国科学院签订协议，正式从法国引进“动手做”科学教育项目，并更名为“做

中学”。美国许多高校如哈佛大学、斯坦福大学等都具有实践教育课程、学生科研计划等实践教育教学体系，社会实践教学就是通过这种实践方式来增强大学生的动手能力和创新精神。

一个人提出一个好问题、真问题，必须拥有真正的认知力和学习力。不过，这两种能力的获得和提升都要求大学生必须立足于实践，以马克思主义的实践观和认识论来观察事物。思政课实践教学凸显“实践第一”的重要性，就是从基于实践论之上的认识论视角来看待事物、提出问题的。思政课实践教学让大学生走进现实社会、贴近新鲜生活，就是让学生在社会这一大课堂中反思校内课堂教学情况、检验校内课堂知识，发现校内课堂中所不能发现的问题。在发现问题、提出问题之后，大学生在思政课实践教学指导教师的循循善诱下，就能立足于实际情况，采取唯物辩证法、历史与逻辑统一法、多学科交叉法、比较方法等若干个适合自己的科学方法，去分析问题为什么发生、为什么存在、如何解决。如此，在实践教学的潜移默化下和耳濡目染中，大学生就能锻炼观察事物、发现问题、分析问题、解决问题的素养和能力。

在经济全球化、教育信息化、学习终身化等趋势下，提高人才培养质量、增强大学生的综合能力和素养，是新时代高等教育改革、高校思政课实践教学的主旋律。高校思政课中的“能力考核”，是对以往思政课“知识考核”的扬弃，它注重大学生在活动中的参与度和实效性。思政课实践教学规定相应的学分，将考核成绩纳入整个教学规划中去，可以增强学生参与活动的兴趣和信心，促使大学生提升综合能力。

另外，需要加大校企合作力度，为学生提供实践平台。加强高校社会实践基地建设，使实践活动真正成为提高大学生素质的重要步骤和关键环节。加强对大学生实践活动的管理和指导，积极开展丰富多样的社会实践活动，为培养、提高大学生的实践能力提供平台。

总之，思政课社会实践教学作为思政课教学的一种特殊形式，可以为大学生融入社会提供基本能力，如良好的人际交往能力与沟通能力、健全的人格和良好的心理素质等。社会实践作为一种重要的学习环节，增进了大学生对国情、党情、民情以及社会实践的了解，培养其运用理论和知识发现问题、分析问题、解决问题的基本能力，培养和训练他们认识和观察社会的能力，为其创新能力的培养提供了坚实基础。社会实践教学有助于新时代的大学生学会独立观察、独立实验、独立思考，进而自行提出问题、研究问题、解决问题、获取结论。

三、提高大学生团队协作精神与能力

马克思指出：“人的本质……在其现实性上，是一切社会关系的总和。”① 按照马克思主义关于人的本质论的观点，社会性是人的本质属性。人的社会性的重要体现之一就是团队协作精神与能力。团队协作精神与能力是指团队中的每一名成员都要有团队意识，同时要求团队中的每一名成员要有与其他成员进行合作共事的能力。当今世界中，竞争意识是不可缺少的，但学会协作更难能可贵。学会与他人合作是一个人进步和发展的基本素养和实现创新性学习的基本手段，只有树立协作精神，为完成共同任务而明确分工、互助学习、通力合作，才能促使人格完善、取得事业成功。

社会实践教学作为团队教学的一种模式，需要参与者合作共进。但因个体能力水平、思想认识等方面存在诸多差异，在实践过程中必然会或多或少产生一定的矛盾或者冲突。矛盾或者冲突一般有两个发展趋势：一是和解，二是继续存在，不可调解。一般而言，矛盾是无处不在、无时不有的，但在一定范围内可以共处并存。在实践育人过程中，组织者、指导教师或者小组负责人（优秀学生、党员干部等）根据任务完成和目标设定，依据矛盾或者冲突产生的原因进行沟通、协调、交流，寻找冲突双方诉求的平衡点，使矛盾、冲突的双方实现“双赢”。从育人机制和育人机理来看，矛盾、冲突化解的过程也是一种育人过程。

冲突、矛盾解决后就会实现合作，这是事物发展的必然规律，也是矛盾解决的必然结果。矛盾双方为了实现既定的目标，采取相同、相近的行为来矫正以往行为、克服不足，以便更早更快完成既定任务、赢取胜利。实践育人中的合作主要是：团队成员根据既定目标，结合各自面临的客观实际、主要任务、主要困难等，按照一定的方式方法去对主要任务进行合理分工，在遇到问题或者困难的时候，相互帮助、团结协作，共同克服困难。大学生在这样的氛围中潜移默化培养协作意识、责任意识和互助精神、奉献精神。

团队协作精神的提高，不但有利于激发学生的学习兴趣及创新意识，还有利于提升学生的综合实验能力与创新能力。好的团队能最大限度地发挥成员的积极性、能动性、创造性，所有成员秉承开放合作的意识进行主动学习，最终

---

① 《马克思恩格斯选集》第1卷，人民出版社，1995年版，第56页。

形成团队强大的创新能力。在思政课实践教学过程中，指导教师要注重培养学生的团队归属感、集体荣誉感，引导学生树立自信，为团队精神的形成奠定基础。高校只有重视培养大学生的团队协作精神，才能实现立德树人的根本目标。

四、培育、提升大学生的创新意识和创新能力

“创新”最早由美籍奥地利经济学家熊彼特在《经济发展理论》一书中提出，主要是指生产维度上的创新，后来这一概念被广泛运用到管理、技术、教育等领域中去。从本质意义上来看，创新是一种实践行为，是人类改造自然的高级形式，也是人类拥有的高级实践能力。创新能力来源于创新意识和创新精神，是主体的人对客体进行再创造的行为能力。

创新意识和能力的培养不仅是高等教育的重要目标，也是贯穿于实践教学中的一根红线。创新能力的培养主要通过实践环节来实现，在实践中质疑、探索、求新求变、追求创新。意识对客观世界所表现出来的主观能动性，包括认识和改造世界的知识和能力的整体考察，以创新意识和创新精神为内核的创新要素的总体探讨，可以使我们逐渐地悟出一个真正的道理：创新意识只有在主观见之于客观的实践活动中才能产生和形成，而在这一实践活动中，意识的主观能动性只有得到充分而有效的发挥，作为主体的人以积极主动的态度才能表现出一定的认识世界和改造世界的能力。

以创新为主导的知识经济日益成为21世纪社会发展的重要特征，而具备创新能力的人才资源则成为最宝贵的生产力要素。在全面建设创新型国家的大背景下，着力培养大学生创新能力，对推动大学发展和治理、提升人才培养质量至关重要。《中共中央　国务院关于深化教育改革推进素质教育的决定》明确要求：“高等教育要重视培养大学生的创新能力、实践能力和创业精神，普遍提高大学生的人文素质和科学素质。”教育部在《关于进一步加强高等学校本科教学工作的若干意见》中也明确把提高大学生学习能力、实践能力和创新能力作为加强高等学校本科教学工作的主要任务和要求。《中共中央关于制定国民经济和社会发展第十三个五年规划的建议》明确指出：“深化教育改革，把增强学生社会责任感、创新精神、实践能力作为重点任务贯彻到国民教育全过程。”①《中共中央关

① 《中共中央关于制定国民经济和社会发展第十三个五年规划的建议》，新华社，2015年11月3日。

于制定国民经济和社会发展第十四个五年规划和二〇三五年远景目标的建议》进一步指出：“提升教师教书育人能力素质，增强学生文明素养、社会责任意识、实践本领，重视青少年身体素质和心理健康教育。”① 可见，大学生创新实践能力的培养不仅是高等教育的重要目标，更是党和国家必须长期坚持的一项重大课题和时代命题。

大学生创新能力，是指“他们作为创新主体在发现新事物、提出新理论、实践新成果的过程中所表现出的创新意识、创新思维能力、创新实践能力、反思与评价能力的总和”②。创新能力和实践能力不仅是智力表征，更是综合素质的折射，是知识、能力、素质三位一体的综合素质表现。创新是一个国家和民族发展的不竭动力，而教育又是培养人才和增强民族创新能力的基础。在新时代高等教育教学系统中，大学生作为未来创新的主力军，更需要被倾注较多精力去培养和发展。一般而言，较好的工作氛围可以促使人创造性地学习和工作。创新性学习是大学生发挥主动性的一种独特方式，也是培育创新型人才的重要手段和媒介。创新型人才具有自我独立和高度自觉，直觉敏锐、善于观察；讲求理性、想象力丰富。这些特质的获得，不仅来自理论知识的学习，更重要的是来自社会实践。总的来说，思政课实践教学、实践育人是培养大学生创新精神和创新能力的重要途径，其对大学生创新能力的培养可以通过三种方式予以凸显、得到提升。

（一）构建、拓展较多的实践教学基地，为大学生创新能力提升构建平台

实践教学基地和实验室是培养高水平、高素质专业人才的重要场所，是培养大学生掌握科学研究方法和提高实际操作能力的基本保障，是巩固和加深理论知识认知的有效途径，也是实践育人的基本和前提。作为实践教学的重要方式，培养创新人才的教学基地在大学生创新能力的培养方面至关重要。

如前所述，安徽医科大学为了加强思政课实践教学，积极争取社会资源，依照优势互补、资源共享、互利共赢的基本原则，积极主动加强与政府机关、企事业单位的联系，从大学生成长成才的实际需要、政府机关的建设、企事业单位的

① 《中共中央关于制定国民经济和社会发展第十四个五年规划和二〇三五年远景目标的建议》，《人民日报》，2020 年 11 月 4 日（01）。

② 张宏勋，李晨，龚彦文，等：《构建学习型实验团队　提升工科大学生创新能力》，《实验室研究与探索》，2011 年第 6 期。

发展出发，努力建设一批大学生社会实践基地，为学生搭建更多面向基层学习成长的平台，增强大学生服务于国家的社会责任感、勇于探索的实践精神和善于解决问题的实践能力。从2008年起，安徽医科大学就先后与11个单位共建大学生思政课社会实践教学基地，派遣师生进入上述教学基地学习、参观、体验、调研。学校思政课教学理念的酝酿与提出、实践方案的规划与实施，都与中共中央、教育部关于加强、提高大学生学习能力、实践能力和创新能力的总体方针休戚相关，也与教学基地的主题与内涵相一致，譬如在爱国主义、改革创新、中华优秀传统文化、革命文化以及社会主义先进文化、乡村振兴战略等方面与基地建设相吻合，如此可以提高医学生的人文精神和家国情怀。可见，完备的基地建设、成熟的运作模式以及丰富的经验累积，为实践教学全覆盖提供了各种支持，也为大学生勇于探索的创新能力和创新精神的培养提供了坚实的基础。实践基地的建立和扩容，“不仅是实践教学的前提和保障，也是创新高校思想政治理论课教学的可靠途径，所以加强高校思政课实践教学基地建设，提高实践基地建设质量，能够有效地提高高校的实践教学水平”①。同时，社会实践基地在安徽医科大学马克思主义学院思政课实践教学指导组的帮助下，也在一定程度上实现了自身功能的拓展，由单一功能的实践基地向教学科研、勤工助学、择业就业、创新创业等多功能的社会实践基地转变。

要加强大学生实践能力与创新能力的培养，建立理论与实践教学体系密切联系又相互独立、教学内容前后衔接又层次分明的实践教学体系，必须加强实践教学基础设施建设，扩大实践教学资源。高校要根据办学实际需要，围绕大学生实际需求与人才培养目标，积极主动与周边地区甚至外省大中型企业密切合作，建立起长期稳定的校外实践基地。

安徽医科大学与企业签订联合培养协议，学校可以为企业开展技术咨询、产品研发、人才培训等服务，为企业提供人力资源和智力支撑。实现校企密切合作还有利于高校全面了解用人企业对所需人才的具体要求，及时调整、修订专业培养方案，使高校的教学改革与企业的人才需求紧密相连、相互对接。同时，高校可以从大中型企业中聘请一些优秀企业家和具有丰富实践经验的优秀技术人员来学校担任思政课兼职教师，定期或不定期地为大学生授课，让他们把企业的先进理念、企业文化、企业精神、专业技术带进高校课堂，以弥补高校课堂教学的不

① 胡军林，王兆良：《高校思想政治理论课实践教学基地建设与大学生创新能力培养——以安徽医科大学为例》，《教育教学论坛》，2015年第20期。

足。建立细分性、共建性和长效性有机统一的校外实践基地，能真正形成学校与企业的有效联合，其积极作用表现在许多方面：能使大学生接触实际、了解社会，亲身感受到改革开放尤其是党的十八大以来党和国家取得的历史性成就；能使大学生学习凡人善举的高尚品德，在实践中践行社会主义核心价值观，完善自身人格的塑造，锤炼优良的道德品质；能使大学生进行真实的现场实践训练，发现不能解决的问题时，及时有效地求助于优秀企业家、专业技术人员，从而切实体会理论知识与实践经验的区别与联系，真正达到实践教学这一关键环节的目的与效果。

（二）完善、健全大学生“三下乡”活动，为大学生创新能力提升创新形式

安徽医科大学的校团委、各学院分团委以及马克思主义学院思政课教师联合起来组成指导团队，充分调动大学生在“三下乡”活动中的积极性，紧密结合思政课课程内容，精心设计社会实践活动方案，突出课程特色和专业特色。同时，学校对各种队伍和小组进行活动前的培训，对学生进行关于思政课暑期社会实践的意义、原则、调研方法、报告撰写等内容的辅导。通过辅导，学生对思政课暑期社会实践的意义和目标更加了解，进而达到思政课实践育人之目的。

在2019年的暑期“三下乡”活动中，由安徽医科大学南校区管委会、马克思主义学院老师、学生等组成的“三下乡”活动指导团队，到达黄山市休宁县和徽州区进行“三下乡”活动，通过参观状元博物馆、罗经博览园以及徽菜博物馆等场所，让“三下乡”活动的成员、新时代大学生感受徽文化的博大精深、中华优秀传统文化的源远流长；参观徽州区岩寺镇乡村建设成就展，让大家了解乡村振兴战略的由来和目标以及实施方案，为深入理解脱贫攻坚战略奠定了实践基础；参观岩寺镇新四军军部旧址纪念馆，让大学生了解党领导下的人民军队的宗旨和使命，对习近平新时代强军思想有了更深刻的感受。每天晚上，当“三下乡”活动的成员返回到驻地的时候，由思政课教师、辅导员为大家上党课、团课。老师们结合白天的实践活动，进一步加强青年大学生的思想政治教育。其他“三下乡”团队深入皖北农村、皖南山区、大别山区、金寨县革命老区等地，进行各种形式的服务活动，收获也很大。一般情况下，“三下乡”活动的成员返校后，各学院会联合马克思主义学院组织召开“下乡归来话收获”座谈会，人人思考、小组讨论，进一步加深了实践教学的效果。

可见，在“三下乡”活动中，思政课教师从知识的传授者变成了学生实践

的指导者，学生由被动的接受者转变为实践学习的主体。一方面，思政课教师通过专业化的方式将学科的前沿、课程的基本理论与社会实践教学相结合，引导大学生在“三下乡”活动中反思、回味课堂教学的理论、观点和方法；另一方面，大学生在“三下乡”活动中，通过反思、回味而得出的结论，可以反哺思政课理论教学，达到事半功倍的教学效果。

（三）探索、构建寒暑假社会实践调研活动，为大学生创新能力提升增加载体

“三下乡”活动大部分安排在暑期进行，虽然效果不错，但是时间毕竟较短，参加的大学生也大都是学生干部、学生党员，相当一部分同学参加不了，覆盖也不全面。因此，安徽医科大学马克思主义学院实践教学团队开始探索、构建以寒暑假以及平常的节假日（春节、清明节、端午节、七夕节、中秋节、国庆节、重阳节等）为时间节点的社会实践调研活动。开展丰富多彩、形式多样的社会实践调研活动，一方面可以使思政课实践教学的模式得到丰富和改善，大大提高思政课教学的实效性与针对性；另一方面，这种形式和载体也可以使大学生较好地深入接触民情、了解社会，使其发现问题、分析问题和解决问题的能力得到有效提高，政治素质、道德品质、社会责任感得到培养和加强，社会活动能力、理论联系实际的能力和创新能力得到进一步的锻炼和提升。

一般而言，寒暑假以及其他节假日调研活动的主题由思政课专业教师进行设计。学生根据思政课老师安排的主题来设置问卷调查的题目和内容，针对社区、农村等地区的教育医疗、老年赡养、文化建设、扶贫脱贫、乡村振兴、留守妇女、留守儿童、法律普及等话题进行调研，自行组织调研小组、团队进行实践活动。学生或以个体或以小组为单位开展活动，活动结束后提交调研报告或实践报告。这种自主性的社会实践形式不仅是高校实践教学的辅助形式、实践育人的有效载体，而且也是大学生发掘自我、服务社会、锻炼能力的具体举措。

综上所述，思政课实践教学既是新时代高校人才培养体系下“大思政课”的重要组成部分，也是思政课改革创新的关键环节。思政课实践教学不仅具有通识性、实践性，还具备趣味性和综合性。实践教学以教师主导和学生主体的双向活动为载体，增强了大学生的实践观、群众观、劳动观和集体观，达到了实践育人之目的。为培养“为中国特色社会主义事业奋斗终身的有用人才”“一代又一代社会主义建设者和接班人”，新时代的高校思想政治教育工作必须注重实践教学、重视实践育人。无论是从教学内容、教学作用以及教学效果来看，实践教学

都是实践育人的重要形式、有效载体和重要途径，其本身所具有的基本特征、主要方式和内在机制，在实践教学中能培养大学生的创新思维、提升大学生的创新能力，进而促进大学生德智体美劳诸方面的全面发展。实践教学不仅是增强大学生动手能力、激发其创新意识的重要途径，还是培养大学生创新思维和创新能力的重要环节。新时代思政课实践教学必须树立“以学生为中心”的育人理念，以创新思维和创新能力的培养为目标，以课外实践基地、“三下乡”活动以及节假日调研为活动载体和组织形式，来提升实践教学的实际效果，进而达到实践育人的既定目标，实现立德树人的根本目标。

第六章　实践教学与案例示范

案例一　马克思：人类历史规律的发现者

案例文本

1883 年 3 月，伦敦海格特墓地一角。一小群人聚集在一座新墓前，其中一个人开始念悼词。对于这样一个普普通通的环境，悼词的用语显得溢美了。他说，下葬的这位男子“受到无数人的爱戴、尊敬和悼念”；他是一位天才，并且成为“那个时代最遭嫉恨和最受诬蔑的人”。

对于这个人的去世，某些国家的报界哀悼说是“人类的不幸”；然而英国却表现出一种不加掩饰的轻蔑。令人惊讶的是，100 多年后，这两种截然不同的看法仍然存在。许多人认为，那天葬在海格特墓地的那个人仍然是历史上最伟大的思想家之一，他试图帮助无数受压迫者获得解放。对另一些人来说，只要一提起他的名字，恐惧和厌恶之情就油然而生。

这个人就是卡尔·马克思。

不论你怎样看待马克思，有一个事实不容置疑：他是历史上最重要的人物之一。在他影响力最大的时候，全世界三分之一的人口都生活在宣称遵循马克思主义的政权之下。

这个人身上其实充满了矛盾：他是一位杰出的经济学家，却债务缠身，大半生穷困潦倒；他出身于中产阶级上层，却热情捍卫工人的权益，但又没干过一天体力活。

1818 年，马克思出生于德国特里尔。父亲是一位有钱的犹太律师，母亲出身于荷兰一个有名的家族。因为犹太血统而受到的歧视或许让马克思很早就认识了社会的不公正。此外，某些持自由主义观点的老师在马克思的中学时代也对他起到一定的影响。

在柏林大学读书期间，马克思开始找到自己对社会结构不满的理论基础。到 19 岁那年，马克思已经对德国哲学家黑格尔的观点非常着迷。黑格尔认为，整个历史都可以看作是新旧两种势力斗争的结果。黑格尔说，这种“辩证”的过程是不可避免的，而且会不断导致新社会秩序出现。

在柏林，马克思加入了“青年黑格尔派”。这个组织认为，知识分子应当用自己的才干指出时代的罪恶并改变现状，必要时可以使用武力。他还开始思索黑格尔所说的“历史因素”的本质。

马克思考虑的只是经济财富创造的途径这种“历史因素”的具体作用。由此诞生了他的“辩证唯物主义”，并使他提出一个观点：社会是拥有财富创造手段并从中获益者与那些没有财富创造手段也无法从中获益者彼此斗争的结果——换句话说，就是阶级斗争的结果。

还在学生时代，马克思就认识到当局不会容忍他这些“爆炸性”的观点。为了坚持自己的信仰，他来到巴黎，并在那里认识了恩格斯。1845 年，他又被驱逐出法国，移居布鲁塞尔。

1848 年，《共产党宣言》出版。这部由马克思和恩格斯共同撰写的小册子集中探讨了资产阶级对无产阶级的剥削所导致的阶级斗争，同时描述了资本主义如何使这种斗争跨越国界，席卷全世界，最终带来人人平等的共产主义社会。

《共产党宣言》完成后仅几周时间：革命席卷欧洲。马克思抓住机会资助布鲁塞尔的工人自我武装。但是，革命失败，马克思又来到英格兰。此后，他一直侨居伦敦，靠给报纸撰稿和恩格斯的帮助艰难度日。

这时，他开始撰写不朽的巨著《资本论》。他利用不列颠博物馆官方报告的资料揭示了资本主义经济对无产阶级的作用：这种活动怎样把每个人变成一台巨型机器中的齿轮，就连家庭生活也被纳入其中。马克思坚持认为，财富的增加以痛苦为代价。但他没有简单地这样说：社会中最富有的人是以最贫穷的人为代价获取财富的。马克思认为，资本主义会把我们所有人变成生活富裕但精神痛苦的工资奴隶。

《资本论》的第一部出版于 1867 年，支持者赞扬说这是工人阶级的圣经。

1871 年，巴黎爆发起义，巴黎公社宣告成立，马克思表示坚决支持，这使他扬名国际。英国新闻界把他看作一个危险的煽动者，认为他不顾一切地要打破现状。

巴黎公社遭到镇压后，马克思又回到《资本论》的研究上。但是，由于病痛的折磨，他没能完成这部著作。1883 年 3 月 14 日，马克思在伦敦西北部的家中去世，终年 64 岁。

在马克思的葬礼上，恩格斯称他发现的正是人类历史的科学规律。马克思预言资本主义将不可避免地导致革命和新的共产主义国家诞生。也许，资本主义"不可避免地"崩溃终将发生，尽管目前还没有什么迹象。太多的工人已经完全陷入资本主义制度——吸引他们的东西包括股票、与工作表现相关的薪水及其奖金——他们不会在近期破坏这个制度。

但是，现代经济学家承认，马克思帮助人们注意到资本主义的阴暗面，这些阴暗面往往被掩盖起来。对于任何不满于变成工资奴隶的人来说，马克思对资本主义如何在一块富足的土地上制造精神贫穷的警告再敏锐不过了。（英国《焦点》月刊 5 月号：把世界一分为二的人，罗伯特·马修斯；转引自《参考消息》2002 年 4 月 30 日第 15781 期第一版）

思考讨论

1. 如何评价马克思？
2. 马克思主义的根本理论特征是什么？

案例点评

马克思是无产阶级的伟大导师、科学社会主义的创始人、伟大的政治家、哲学家、经济学家、革命理论家。主要著作有《资本论》《共产党宣言》《德意志意识形态》等。他是无产阶级的精神领袖，他和恩格斯创立马克思主义学说，是指引全世界劳动人民为实现社会主义和共产主义的伟大理想而斗争的理论武器和行动指南。

马克思最广为人知的哲学理论是他对于人类历史进程中阶级斗争的分析。他依据历史唯物论，通过对资产阶级和无产阶级的产生、发展及其相互斗争过程的分析，深刻揭示了资本主义必然灭亡和社会主义必然胜利的历史发展趋势。

马克思名字永垂史册，学说永放光芒。

教学建议

1. 本案例的教学目的和用途

本案例介绍了马克思对社会发展的历史贡献，他关于人类历史规律的科学认识，为世界千百万的劳苦大众指出了通过实践行动可以改变自己命运的光明大道。教师通过对本案例的解析，希望学生能够了解和掌握马克思的学说以及他和恩格斯所创立的马克思主义对社会进步的指导作用；同时树立马克思主义的世界观、人生观和价值观，学会用马克思主义的立场、观点和方法分析和解决问题。

2. 本案例使用过程中需要注意的问题

本案例使用过程中，教师应注意引导学生正确评价“马克思主义是否已经过时”的言论，正确认识坚持和发展马克思主义指导作用的意义。

案例二 实事求是是一种美德

案例文本

1958 年 6 月初，国家计委提出《第二个五年计划要点》，其中提出五年超过英国，十年赶上美国。这个文件得到了毛主席的首肯，并批示：“这是一个很好的文件，值得认真一读”。到了 6 月 17 日，国家计委又提出“两年超过英国”的报告，毛主席看后，非常高兴。因为是领袖亲自批示的，文件精神很快就传达到基层单位。大家听后既兴奋又茫然。兴奋的是落后的中国，能够超过英国、赶上美国，确实是一件了不起的事情。茫然是大家不知道如何赶超，英、美国家到底是一个什么样的水平，无人所知。在当时，消息的来源只有一家官方的报纸，没有其他的渠道。学习的结果，大家只能是做好本职的工作，党叫干啥就干啥吧！

1958 年 7 月份，从农业战线传来喜讯，各媒体先后刊登湖北省长风农业生产合作社，早稻亩产 15 361 斤，放了一个大“卫星”。随即农业部公布夏粮产量同比增长 69%，总产量比美国还多出 40 亿斤。亩产万斤粮的消息见报后，在社会上引起了很大的轰动。人们都在议论纷纷，有的人不相信自己的眼睛和耳朵，是否看错了听错了？榜样既出，各地纷纷效仿。之后，各地区抓农业的领导干部，亲自抓“试验田”。到了秋收季节，亩产万斤粮的报道，便接踵而来，比比皆是。更有甚者，亩产不仅能够产万斤粮，而且还能够产10万斤粮。1958年10月1日《天津日报》报道，天津市的东郊区新立村水稻试验田，亩产12万斤，并称在田间的稻谷上可以坐人，让群众参观。到了10月8日和10日两天，《天津日报》又分别报道天津市双林农场“试验田”，亩产稻谷126 339斤的特大消息，一时轰动全国，可称得上亩产之最了，真可谓压倒群雄独领风骚了。新立村的“试验田”，毛泽东主席亲自视察过，既然是领袖肯定的事情，因此，在全国也就名声大噪了。

中共中央政治局北戴河会议上，确定要把钢铁作为全党的第一位大事来抓，年计划要完成1070万吨，实现翻一番。时间已经过去了四分之三，还有一个季度要完成这个目标，可以说是根本办不到的。既然中央已经决定，只能完成任务，于是便号召全民大炼钢铁，大搞群众运动。不是专业工厂，又无炼钢设备，更不懂炼钢技术，如何炼出钢铁？岂不是天方夜谭。在“没有干不到的，只有想不到的”口号指引下，要大胆解放思想。还是从农村开始，农民在田间垒起了小土炉，就炼起钢来了。经验很快传开，顿时，田野间的小土炉星罗棋布，火光冲天。农民兄弟能够做到的，城里工人老大哥就更没有问题了。上级领导机关给企业直接下达了钢铁指标，各企业也都先后开始炼钢了。

关于大跃进的反思

大跃进，最惨痛的教训是脱离了实事求是的精神，说大话搞弄虚作假。农业放高产“卫星”，亩产万斤粮，甚至12万斤粮食，又有哪个是真实的呢？群众心里早就明白。天津市新立村把几十亩的稻秧苗，快成熟的时候都移植到一亩地中，这样明显的造假行为，不但不加以批评，各大媒体却争先恐后地报道，岂不是怪哉！其结果是浮夸风四起，各地报喜不报忧的事情，甚嚣尘上。全民大炼钢铁，浪费了大量的能源，砍伐了树木，所炼出来的钢铁都是豆腐渣形状的废物，根本没有用处。就是这样的废铁有300多万吨，都统计到全年的钢产量中去了。在农业方面，粮食产量比1957年只提高3.4%，比前五年的平均产量增幅3.8%还略少了一些，这样的产量怎么能够谈上大跃进呢？

1978年，《实践是检验真理的唯一标准》一文引发了一场全国范围的真理标准问题大讨论，冲破了“两个凡是”（即“凡是毛主席作出的决策，我们都坚决维护；凡是毛主席的指示，我们都始终不渝地遵循”）的严重束缚，为党的十一届三中全会的召开做了重要的思想准备，是十一届三中全会实现新中国成立以来党的历史上具有深远意义的伟大转折的思想先导。

新华社北京9月22日电　1978年5月10日，中央党校内部刊物《理论动态》发表了经胡耀邦审阅定稿的《实践是检验真理的唯一标准》一文。5月11日，这篇文章以特约评论员名义在《光明日报》上发表。当天新华社转发。5月12日，《人民日报》和《解放军报》同时转载，全国绝大多数省、自治区、直辖市的报纸也陆续转载。一石激起千层浪，这篇文章很快引发了一场全国范围的真理标准问题大讨论，对中国社会发展产生了深远影响。这场大讨论的发生有着深刻的社会历史背景。1976年10月，中央政治局执行党和人民的意志，一举粉碎“四人帮”，结束了延续10年之久的“文化大革命”。举国欢腾，人心思变，百业待举，党面临着思想、政治、组织等各个领域全面拨乱反正的任务。但是，这一进程受到“两个凡是”错误方针的严重阻碍，党和国家的工作在前进中出现徘徊局面。

邓小平对“两个凡是”提出了批判：“‘两个凡是’不符合马克思主义。”坚持“两个凡是”，只能是把我们引导到唯心主义和形而上学，引导到社会主义事业的损失和失败。因此，坚持“两个凡是”并不是什么真正高举毛泽东思想旗帜，而是割裂、歪曲毛泽东思想，是“形式主义的高举，是假高举”，“毛泽东思想的基本点就是实事求是，就是把马列主义的普遍原理同中国革命的具体实践相结合”。我们要真正高举毛泽东思想旗帜，就必须坚决摒弃“两个凡是”的错误方针，“坚持实事求是的原则”。邓小平对“两个凡是”的批判成了全党思想解放的先声，为恢复毛泽东思想的本来面目，重新确立实事求是的思想路线进一步扫清了障碍。

思考讨论

1. “大跃进运动”为现在的社会经济建设提供了哪些方面的借鉴和思考？
2. 坚持实事求是对于社会建设的意义是什么？

案例点评

毛泽东在《改造我们的学习》中指出：“实事”就是客观存在着的一切事物，“是”就是客观事物的内部联系，即规律性，“求”就是我们去研究。毛泽东认为，“是”就是事物的规律，“求是”就是认真研究事物的发展规律，找出周围事物的内部联系，作为我们工作的向导。毛泽东还解释说：学习马克思主义要“有的放矢”，“的”就是中国革命，“矢”就是马克思列宁主义。中国共产党人所以要找“矢”，就是为了要射中国革命这个“的”。这种态度就是“实事求是”的态度。“这种态度，有实事求是之意，无哗众取宠之心。这种态度，就是党性的表现，就是理论和实践统一的马克思列宁主义的作风”。这样，经过改造后的“实事求是”已进入哲学最高领域，成为改造主观世界和客观世界的有力的思想武器，成为中国共产党的行动指南。正如后来邓小平所说的：“毛泽东思想的基本点就是实事求是，就是把马列主义的普遍原理同中国革命的具体实践相结合。毛泽东同志在延安为中央党校题了‘实事求是’四个大字，毛泽东思想的精髓就是这四个大字。毛泽东同志所以伟大，能把中国革命引导到胜利，归根到底，就是靠这个。”

教学建议

1. 本案例的教学目的和用途

本案例介绍了新中国成立之初，因为错误的指导思想而导致我国的经济建设出现很大的挫折，如“大跃进运动”。教师通过对本案例的解析，希望能够使学生明白实事求是的精髓所在，无论是国家建设，还是日常生活、工作中的小事，都要有实事求是的精神。尤其是学生，更应该坚持一种勤奋刻苦、锐意进取的精神。

2. 本案例使用过程中需要注意的问题

本案例使用过程中，教师应注意引导学生客观地认识“大跃进运动”，从而使学生明白为何要坚持实事求是。

案例三　小岗的昨天、今天、明天

案例文本

小岗村是中国农村改革的发源地，中国十大名村之一，位于凤阳县东部约40公里处，距宁洛高速公路凤阳出口仅16公里。全村有849户、3823人，土地面积13 700亩，承包耕地面积8713亩。小岗村，这个被誉为“中国改革第一村”的小村庄曾经以它独具的创造力吸引了全国农民的目光，开创了中国农村经济发展的新模式——家庭联产承包责任制，几亿农民因之摆脱了贫困，解决了温饱问题，从此中国农村的面貌焕然一新。

昨天：小岗村的骄傲——中国改革开放的发轫之地

在小岗村的大包干纪念馆里，那张“血手印”尽管是复制品（真品被珍藏在中国历史博物馆），但它背后却是一段意义非凡的历史———

1978年12月的一个夜晚，穷极了、饿极了的小岗人终于忍无可忍。时任小岗生产队队长的严俊昌和副队长的严宏昌、会计严立学召集全队在家的18户户主聚集在严立华家的破草屋内，秘密商讨分田单干的事。这在当时可是要冒杀头的危险。

那份发黄的纸，分明是一张生死契约呀！“我们分田到户，每户户主签字盖章。如此后能干，每户保证完成每户全年上交（缴）的公粮，不在（再）向国家伸手要钱要粮。如不成，我们干部作（坐）牢杀头也干（甘）心，大家社员也保证把我们的孩子养活到18岁。”由于煤油灯光十分昏暗，加之当时心情紧张，写下的句子既不连贯，也没标符号，还有错别字。

变则通，小岗人冒着极大的政治风险，秘密干起了大包干。土地在手的小岗人扔掉讨饭棍，拿起了犁耙和锄头……令小岗人没有想到的是，只用了一年的时间，饥饿就远离他们而去。更令他们没有想到的是，正是这份印有他们鲜红手印的契约成了中国农村改革的第一份宣言书。

是的，小岗村18户农民以敢为天下先的胆识，按下了18个手印，搞起生产责任制，更是揭开了中国农村改革的序幕。

1978年以前，小岗跟附近几个村都一样，大家都出去要饭，也没人干活了。南来北往，听说哪儿好就去哪儿。那个时候在家待着的人难免饿肚子，在外面讨饭多少能要点吃的。

分地后的第一年，小岗村全队粮食总产6.65万公斤，相当于1966年到1970年粮食产量的总和；油料（主要是花生）总产1.75万公斤，相当于过去20年的总和。1979年，中国农村改革还处于起步阶段，包产到户、分田单干还是中国农业的“禁区”。

1980年1月24日，时任安徽省委书记的万里到小岗村视察，他对小岗的包产到户明确表示："地委批准你们干3年，我批准你们干5年。"当年4月2日，邓小平与万里等人谈话时对小岗村的做法表示肯定。此后，小岗模式在全国广大农村逐步推广开来。

今天：在中国农村的第二步改革中，小岗的发展明显滞后

然而，包产到户红火了几年后，小岗人遭遇新问题：因为粮食产量的大范围提高，卖粮越来越难，卖粮难收入就少。包产到户后的20多年，小岗人沿袭着日出而作、日落而息的生产和生活方式，和安徽广大农村一样，经历着粮价波动、罚款摊派、增产不增收的种种历史。同样在这段时间里，我国南方、华东地区包括安徽东南部一些乡镇和农村开始了新一轮发展浪潮：兴办乡镇企业、推进个体私营经济、发展规模农业。

在"大包干"后的几十年里，就其社会经济发展水平而言，小岗村距离同样位列十大名村的山西大寨村和河南南街村均存在较大差距，更不用说与年产值数百亿元的江苏华西村相比。对于这个"农村改革第一村"——安徽省凤阳县小岗村，却是"一夜越过温饱线，20年未过富裕坎儿"。1980—1992年农民收入仅净增100元，直至1998年，农民收入才1800元，远低于同期的全国平均水平。

有一组对比数字能说明小岗村的滞后：当小岗村人目前依然把依靠土地进行粮食生产作为其主要收益时，在南街村，包括外来人口在内的11000多人里面，只有一支70人的农业队伍从事1000亩耕地的农场生产；而在大寨村，2004年农业的直接收入仅占到该村总收入的2%。

那么，小岗村的改革之路该怎么走？小岗的未来又将怎样发展？

明天：转变发展思维，调整产业结构，大力发展现代农业

"大包干"只能治穷，要致富还须靠可持续发展。"看到南街村的变化，为我们提供了发展的模式，使我们的党组织看到了前进的方向……"这是小岗村人在南街村考察学习时所写下的一段留言。

今天，南街村和大寨村在市场经济的浪潮中兴办企业，诚信、守法经营，吸收多种经济成分共谋发展，打破了单一的农业生产格局，使集体经济不断得到发

展、壮大。打上“南街村”“大寨”商标的系列产品如今也远销全国各地、出口国外，形成了初具规模的品牌效应。

相比之下，小岗村缺少了“大包干”的时代精神，由于不懂市场经济的运作规律，先后几次引来的工业项目都是无疾而终；由于不知晓法制经济的内涵，自身拥有的“小岗村”“大包干”无形资产纷纷被毫无干系的人和企业在不同的商品上抢注商标，谋取经济利益。

几次南街村之行让小岗村人受益匪浅，他们终于意识到，“大包干”已经不能包医百病，它是治穷的灵丹，却不是致富的宝典。解决小岗村的经济发展问题，恰恰需要的是用“大包干”的精神开创适合小岗村的可持续发展之路。

2004 年，安徽省财政厅的沈浩到小岗村挂职党委书记。沈浩带领村民到南街村、华西村学习取经，在争议中试图以“土地流转”引领这个小村重塑辉煌。

2004 年年初，经安徽省滁州市有关部门牵线搭桥，小岗村与滁州通力集团、江苏长江润发集团等 4 家公司共同投资 830 万元，组建了凤阳小岗村现代农业有限责任公司，为“小岗村”打上了属于自己的法律烙印。

此外，小岗村着手实施“凤还巢”计划，利用村里在外务工经商的 80 多名年轻人的人才、技术、信息和资金优势，逐步摒弃一家一户式的生产经营方式，决定走农业生产集约化道路，大力推行规模经营，并借助凤阳小岗村现代农业有限责任公司，尽快把小岗的农产品做大、做强。

在长江村的帮扶下，小岗村 2001 年建成占地面积近 80 亩的优质葡萄种植示范园，目前全村 108 户农民 90% 以上都种植了葡萄，总面积达 450 亩。上海三农公司落户小岗村，通过“公司+农户”的形式，与小岗村民签订协议，培育发展“大明贡猪”的养殖基地。

与此同时，总投资 300 万元、占地面积 20 亩的小岗村“大包干”纪念馆已建成；以此为依托，小岗村正不断做好“大包干”品牌特色，大力发展旅游经济。

40 多年来，小岗人走过了贫困，走过了温饱，走过了困惑，走出了希望。小岗人根据自身特点，开始探索发展多种形式的土地规模经营，初步实现了从传统耕作向现代农业的多点突破，探索出了一条现代农业—旅游产业—工农业协调发展的改革致富之路。

可以预见，在当前新一轮农村改革进入一个全新发展阶段的关键时刻，在科学发展观的指引下，小岗村的明天依然会带给我们新的期望和惊喜。

思考讨论

1. 改革开放以后的小岗村解决了温饱问题，却出现了“温饱有余、富裕不足”的尴尬局面。小岗村40多年的发展之路对于中国“三农”问题有何启示？

2. 小岗村因“大包干”而快速发展，也因固守“大包干”思想发展缓慢，其中蕴含着怎样的道理？

案例点评

1978年11月24日，安徽凤阳县小岗生产队的18户农民冒着坐牢的危险，召开秘密会议，在“大包干”协议书上按上手印，决定“分田单干，包产到户”，揭开了中国农村改革的序幕。也正是因为这种敢为人先的创新精神，小岗人民率先走上了脱贫之路，成为中国的明星村。此后的40多年里，小岗村一直得到社会的关注。然而，在市场经济高速发展的时代，小岗落下了发展的队伍。面对市场经济的风险，小岗选择了固守小农思想，没能再次鼓起当年“大包干”的勇气。

小岗的昨天告诉我们，要实现社会经济的发展，就要勇于创新。今天，小岗经济发展迟缓告诉我们，一步领先不等于步步领先，只有时刻保持与时俱进的创新精神，不墨守成规，才能不断实现经济的持续发展。小岗的发展之路对于中国众多乡村摆脱发展困境有着重要的借鉴意义。

教学建议

1. 本案例的教学目的和用途

教师通过介绍安徽省小岗村从“大包干”的首创到发展的迟缓，以及小岗目前正努力突破旧思维，实现经济的发展，使学生懂得经济发展没有一劳永逸的解决之道，要想实现发展，必须始终坚持改革创新，敢于打破旧思维，这样才能走在社会经济发展的前列。

2. 本案例使用过程中需要注意的问题

本案例使用过程中，教师应注意引导学生全面看待小岗村的发展问题。

案例四　魅力大圩，生机无限

案例文本

2013年7月27日上午，第十一届“绿色大圩”葡萄文化旅游节开幕式在合肥市包河区大圩镇举行。本届葡萄文化旅游节将持续至10月6日，前后历时72天。据悉，今年大圩葡萄种植总面积已突破9000亩，总产量达到1.5万吨。

昔日秸秆冒烟，今朝葡萄满园

大圩镇位于巢湖之滨，全镇辖15个行政村，面积38平方公里，人口2.4万。连片的葡萄园吸引了四方游客，被誉为华东的“吐鲁番”。10年前，这里的主要农作物是水稻和油菜，每到收获季节，燃烧秸秆的烟雾让邻近的骆岗机场飞机难以起降。从2003年开始，包河区大力推行农业产业结构调整，引导农民利用圩区肥沃的土地种植瓜果蔬菜，发展乡村旅游。2011年，该镇农民人均纯收入达到9878元。

政府搭台、市场运作、百姓受益，是大圩葡萄节的点睛之笔。大圩的葡萄，也由简单的果品，转变成“市民的开心果”“百姓的致富果”，大圩葡萄基地也已成了天然的“农家超市”。绿色大圩葡萄文化旅游节也成为全市乃至全省都市农业旅游的试验田和样板区。每年大圩的葡萄都会产销两旺，所产葡萄“足不出户”就被游客现场采摘，深受广大市民的喜爱。以大圩葡萄节等节庆为牵动，大圩镇荣获“国家无公害农产品生产基地”“全国农业旅游示范点”“中国民间文化艺术之乡”“安徽省新农村建设示范乡镇”“安徽省环境优美乡镇”等称号。2010年3月，大圩镇又被环保部授予“全国环境优美乡镇”的桂冠，这在全市尚属首家。

调整产业结构，发展现代农业搞乡村旅游

近年来，该镇以“让农民生活得更幸福”为宗旨，着力做好“现代农业、乡村旅游、生态家园、文明乡村”四篇文章，全面推动“四个文明”协调发展。

发展现代农业

在大圩镇晓南村，有一位“全国双学双比女能人”——黄守兰，她在政府的“牵线”下和农产品开发公司、农业合作社签订产供销合同，走品牌化经营之路，每年净收入达数十万元。

在实践中，大圩镇探索出了一条从传统农业向城郊农业，进而向现代农业跨越转型的科学发展之路。该镇狠抓农业科技推广应用，先后建成了蔬菜科技示范园、葡萄科技示范园，并依托科技园大力开展农民科技培训，推广引进农业新技术20多项，引进了农业新品种100多种，2011年全镇农民人均纯收入已突破1.5万元。

发展乡村旅游

“乡村旅游带动了人气，我们的生意也是水涨船高。”大圩镇“阿庆嫂”渔庄负责人吴大珍依水建起了以土菜和垂钓为主的农家乐，每年的营业额超过300万元，后来又在市内投资建起了连锁店。

在大圩，类似吴大珍这样的村民不在少数。每年有几十万中外游客来大圩参观、采摘、垂钓、休闲，并带动了农产品产销两旺，群众也办起了数百家农家饭庄、休闲茶社和垂钓中心，实现了农业一产与旅游三产的有效结合。

建设生态家园

大圩镇率先进行环卫城乡一体化试点，探索出一条独具特色与城市环卫体系接轨的农村垃圾处理体系。

包河区在大圩镇试点，按在册人口数400∶1的比例配备村居保洁员，将所有露天垃圾房全部拆除，标准化垃圾收集桶被安放在村民家门口的不远处，垃圾压缩运输车循环各村，集中后经过固体废弃物转运中心压缩，再运往龙泉山垃圾处理厂，并坚持做到日产日清。全镇森林覆盖率达到53%，农村环境得到了极大改善。

创建文明乡村

近年来，大圩镇以创建文明乡村为抓手，努力打造欢乐乡村、幸福农家，评比文明创建先进村、十星文明户、身边好人、诚信经营户等。每年开展“读书进步文明”主题演讲比赛、文明礼仪知识讲座、农民书画联展等20多项主题教育活动，建起了10多处文化长廊。开展文明创建志愿服务，共成立各类志愿者组织22支，人数达到3000人，每年志愿者累计参加各项志愿服务达到1.2万人次。探索文明创建城乡一体化，率先建起了乡村少年宫、创办了镇公办幼儿园、创建“省级精品敬老院”、成立了镇级综治维稳工作中心、开展“党群联动五相互”活动，建立“户联体”420 多个。

（节选自人民网–人民日报）

思考讨论

1. 2003 年开始创办“绿色大圩”植树节、菜花节和葡萄节以来，大圩的农事旅游节一年比一年精彩。请问，大圩镇农业旅游发展起来最关键的原因是什么？

2. 大圩镇作为新农村建设示范镇对于社会主义新农村建设有哪些启示？

案例点评

建设社会主义新农村，是我们党从全面建设小康社会全局出发作出的重大决策，是党中央在新世纪、新阶段解决“三农问题”的重大战略部署。近年来，作为全省首批“新农村建设示范镇”，镇党委、政府按照“生产发展、生活宽裕、乡风文明、村容整洁、管理民主”的总体要求，以结构调整促生产发展，全镇农调面积达到75%以上，形成了万亩蔬菜基地、万亩林果基地和5000 亩水生作物基地，建设“都市农业之镇”；以农业旅游促农民致富，乡村旅游精彩纷呈，连续6 年成功举办“绿色大圩”植树节、菜花节、葡萄节，建设“镇村旅游之镇”；以五清五改促环境优美，按照“徽派风格、现代水乡、生态田园、都市农庄”的总体要求和“六化一中心”的目标，逐渐形成独具特色的“新农村建设示范镇”。

新农村建设的关键在于发展，发展的关键在于如何进一步解放农村生产力。大圩镇认清自身实际情况，扬长避短，在都市农业和乡村旅游上不断创新发展，实现现代化大都市建设与社会主义新农村建设的最佳融合，坚持“城乡共生、城乡共建、城乡共融”的城乡统筹发展理念，向我们展示了一个新农村建设的光辉典范。

教学建议

1. 本案例的教学目的和用途

本案例展示的是安徽省合肥市包河区大圩镇坚持以科学发展观为指导，以都市农业公园建设为统揽，以规划统领经济社会发展，努力将大圩建设成为全省社会主义新农村建设的示范乡、都市农业的特色乡、农民人均收入过万元的富裕乡、“国家AAAA级风景区”的旅游乡和“全国生态乡镇”的事迹。教师通过本案例的教学，使同学们明确：社会主义新农村建设必须从实际出发，因地制宜，既要遵循党中央提出的建设社会主义新农村的总体要求和具体内容，又要有创新意识和整体思路。

2. 本案例使用过程中需要注意的问题

要注意以大圩镇为例，使学生明白：当前新农村建设，是在遵循党中央自改革开放以来重视“三农问题”的战略思想中，不断开拓创新，与时俱进，不断丰富社会主义新农村建设的前提下取得的成果。

案例五　临床实践中的法律问题：医学生法律意识培育

案例文本

当前，随着科学技术的发展，医学科学也日益发达，各种医疗过程中的不确定危险逐渐为人们所认识，其得到控制或克服的可能性也在逐渐扩大。与此相应，患者对医疗行业的依赖度提高，医务人员面临的工作压力越来越大。然而，因为医疗过程中的不确定因素和医务人员违反医疗行为中的注意义务等因素，患者在接受医疗服务的过程中，一旦出现与预期效果相反的情况，特别是引起伤亡时，患者及其家属不免猜疑不满，于是医疗纠纷急剧增加，随之而来的就是医务人员因诊疗护理过失而承担法律责任的问题。《中华人民共和国侵权责任法》第七章第五十四条规定：患者在诊疗活动中受到损害，医疗机构及其医务人员有过错的，由医疗机构承担赔偿责任。近年，各种医疗纠纷事件引起社会极大反响，对医学生的法律教育更应引起各医学院校的高度重视。

聚焦一：关于患者知情同意权

刘某曾于1996年行右输尿管切开取石术。2007年8月6日，刘某以腹胀、右腰部疼痛3年，发烧3天为主诉进入某县医院住院治疗，入院诊断为“右肾输尿管上段结石、右肾盂积液合并感染”，经抗感染治疗未见好转。县医院于 8 月 14 日对刘某行“右肾探查术”，但术前未告知刘某及其家属需要切除病肾。医生术中见刘某右肾表面不平，部分区域有脓性液体渗出，皮质变薄，考虑为“右肾结核并感染、肾坏死”，在未经本人及家属同意的情况下，行“右肾切除术”，术后病理诊断为“肾脓肿”。法院认定县医院违反了医疗常规，因为患者刘某不但享有对自己病情的知情权，同时也享有对病肾是否切除进行选择的权利。县医院在未告知患方准确病情并经其同意的情况下将病肾切除的过失行为，侵害了刘某的知情权和选择权，县医院有过错，法院判决：某县人民医院于本判决生效之日起十日内赔偿刘某精神损害抚慰金五千元。

此案例涉及《中华人民共和国侵权责任法》第五十五条：医务人员在诊疗活动中应当向患者说明病情和医疗措施。需要实施手术、特殊检查、特殊治疗的，医务人员应当及时向患者说明医疗风险、替代医疗方案等情况，并取得其书面同意；不宜向患者说明的，应当向患者的近亲属说明，并取得其书面同意。医务人员未尽到前款义务，造成患者损害的，医疗机构应当承担赔偿责任。

聚焦二：遵守医疗规章制度的重要性

10 年前，患者张某因胃穿孔在本地 A 医院实施手术，手术后张某落下了左下腹部疼痛的顽症，经多方医治无效。10 年后，张某在本地 A 医院行剖腹探查手术时从腹部取出一团陈旧纱布。张某将当年为他实施胃穿孔手术的医院告上法庭，提出索赔 18 万多元。法院判决：A 医院于判决生效后十日内赔偿张某医疗费、交通费、精神抚慰金等合计 6 万余元。

此案例告诉我们，如果在医疗活动中不严格遵守医疗规章制度，医疗侵权损害随时都有可能发生在自己周围。因此，各医学院校要不断增强学生学习、遵守医疗规章制度的现实感和紧迫感。

聚焦三：紧急情况下的医疗措施

患者李女士，36 岁，左下腹隐痛伴阴道不规则流血 3 日外出，身边无人陪伴，上公共厕所时昏倒，后被旁人发现，呼叫 120 后送至 A 院急诊科，诊断为“宫外孕破裂出血，失血性昏迷”，被收住在妇产科。因患者昏迷，无法取得患者及其家属签字，主管医生请示医院领导后行“异位妊娠切除术”，手术顺利，挽救了患者生命。

本案例对医学生来说具有典型性、新颖性和戏剧性，能够加深学生对《中华人民共和国侵权责任法》第五十六条（因抢救生命垂危的患者等紧急情况，不能取得患者或者其近亲属意见的，经医疗机构负责人或者授权的负责人批准，可以立即实施相应的医疗措施）的深刻印象。

思考讨论

1. 对于上述几个案例，谈谈自己的看法。
2. 医学生学习法律知识的重要性。

案例点评

医学生区别于其他高校大学生最重要的一点就是，他们将来要承担“健康所系、性命相托”的重大使命，随着医疗卫生事业的发展以及百姓维权意识的增强，这就要求我们在医学生教育过程中，要比其他非法学院校投入更多的法律教育成本，进一步提升医学生法律素养。这样做才能为医学生在日后的工作中，避免卷入不必要的医患纠纷，而是把更多的精力投入救死扶伤的社会主义医学事业当中提供保障。

然而，考虑到医学生的实际情况与现有知识水平，医学院校在法律教育中，应充分利用临床医学这一特殊资源，将临床实践中的具体案例引入课堂，提炼出其中的法律信息。这样做既能让学生利用自己的现有知识来讨论和分析，又能发挥学生主动学习的积极性，从而让学生更好地掌握新知识，提升他们讨论、合作、分析、陈述、评价等多方面的能力。

教学建议

1. 本案例的教学目的和用途

教师通过对本案例的分析，使同学们能够更感性地了解当前与医疗行业有关的法律法规，增强学生的法律意识。教师通过这样的教学，能够让学生在学习医学专业知识的过程中，及时补充医疗行业方面的诊疗规范等问题，为培养德才兼备的医学人才寻求合理路径。

2. 本案例使用过程中需要注意的问题

在本案例的使用过程中，教师应注意在活跃课堂气氛的同时，引导学生用法律知识、医学知识分析问题。针对教学目标，教师摄取对于教学目标具有重要价值的信息，以便于学生迅速地接收有效信息，提高教学效率。

案例六　黄梅戏：传承优秀民族文化，建设和谐精神家园

案例文本

材料一：黄梅故里“两条腿”传承黄梅戏

湖北省黄梅县民众对县里传承、发展黄梅戏而采取的两大举措好评如潮：一是县政府“掏钱”将招录的30名黄梅戏表演艺术学员送赴安徽黄梅戏学校学习，二是全县中小学校普遍开设黄梅戏课程。

黄梅县是黄梅戏的发源地。2006年5月，该县黄梅戏被列入首批国家级非物质文化遗产保护名录。近年来，该县黄梅戏艺术事业得到长足发展，但县委、县政府调查发现，该县黄梅戏艺术人才青黄不接，新老交替十分困难等问题严重。为此，该县决定“两条腿”走路，既培养专业人才，又普及黄梅戏课，让黄梅故里传承、发展黄梅戏后继有人。经过初试、复试、面试、考核等环节，该县30名黄梅戏表演艺术专业学员于9月1日到安徽黄梅戏学校进行为期4年的专业学习。据悉，这批学员的学杂费全部由县政府“埋单”，毕业后择优聘用为县黄梅戏剧院演员。

同时，该县实质性地开展黄梅戏进校园活动，组织专家编写了黄梅戏进校园校本教材《黄梅飘香》，把黄梅戏纳入学校总课程表进行排课，整个黄梅戏课程共安排48个课时，从5年级上学期至8年级上学期，每个学期安排8节课，期末进行测试。学校通过系统教育，使学生了解黄梅戏起源、形成、发展的历史，初步掌握黄梅戏唱腔、念白、乐理的知识，学会简单经典黄梅戏选段的演唱和基本表演技能，为专业剧团更新换代、挑选人才提供坚实基础。

材料二：党的十八大报告第六部分节选（扎实推进社会主义文化强国建设）

文化是民族的血脉，是人民的精神家园。全面建成小康社会，实现中华民族伟大复兴，必须推动社会主义文化大发展，兴起社会主义文化建设新高潮，提高国家文化软实力，发挥文化引领风尚、教育人民、服务社会、推动发展的作用。

建设社会主义文化强国，必须走中国特色社会主义文化发展道路，坚持为人民服务、为社会主义服务的方向，坚持百花齐放、百家争鸣的方针，坚持贴近实际、贴近生活、贴近群众的原则，推动社会主义精神文明和物质文明全面发展，建设面向现代化、面向世界、面向未来的，民族的科学的大众的社会主义文化。

建设社会主义文化强国，关键是增强全民族文化创造活力。要深化文化体制改革，解放和发展文化生产力，发扬学术民主、艺术民主，为人民提供广阔文化舞台，让一切文化创造源泉充分涌流，开创全民族文化创造活力持续迸发、社会文化生活更加丰富多彩、人民基本文化权益得到更好保障、人民思想道德素质和科学文化素质全面提高、中华文化国际影响力不断增强的新局面。

文化实力和竞争力是国家富强、民族振兴的重要标志。要坚持把社会效益放在首位、社会效益和经济效益相统一，推动文化事业全面繁荣、文化产业快速发展。发展哲学社会科学、新闻出版、广播影视、文学艺术事业。加强重大公共文化工程和文化项目建设，完善公共文化服务体系，提高服务效能。促进文化和科技融合，发展新型文化业态，提高文化产业规模化、集约化、专业化水平。构建和发展现代传播体系，提高传播能力。增强国有公益性文化单位活力，完善经营性文化单位法人治理结构，繁荣文化市场。扩大文化领域对外开放，积极吸收借鉴国外优秀文化成果。营造有利于高素质文化人才大量涌现、健康成长的良好环境，造就一批名家大师和民族文化代表人物，表彰有杰出贡献的文化工作者。

我们一定要坚持社会主义先进文化前进方向，树立高度的文化自觉和文化自信，向着建设社会主义文化强国宏伟目标阔步前进。

（来源：人民网－《人民日报海外版》）

思考讨论

1. 结合案例分析弘扬中华民族文化对于中国特色社会主义建设的伟大意义。
2. 请就如何建设中国特色社会主义文化谈谈你的看法。

案例点评

文化是一个民族的灵魂，是民族延续的源泉。中华民族传承了五千年的文化遗产，是中华儿女宝贵的精神财富，也是中华民族立足于世界民族之林的根本。但是不得不承认，近些年很多优秀的文化遗产遇到后继无人的窘境。党的十七大以来，文化强国的概念深入人心。党的十七届六中全会通过的《中共中央关于深化文化体制改革　推动社会主义文化大发展大繁荣若干重大问题的决定》提出，在当前和今后一个时期，要推动文化产业成为国民经济支柱性产业。把发展文化产业作为国家战略的一个重要组成部分，是我们党根据当前社会文化的发展趋势，站在历史高度提出的奋斗任务和目标。

以黄梅戏为代表的优秀文化元素是国家软实力的重要组成部分，只有走中国特色文化道路，才能更好地传承中华民族瑰宝，同时提升我国国际竞争力。

中国特色社会主义文化建设的基本方针有5点：第一，坚持以马克思主义为指导，坚持为人民服务、为社会主义服务的方向；第二，坚持百花齐放、百家争鸣的方针；第三，坚持贴近实际、贴近生活、贴近群众，不断推进文化创新的方针；第四，坚持古为今用，洋为中用的方针；第五，坚持两手抓，两手都要硬的方针。这五点对于优秀民族文化继承同样具有借鉴意义。第一，要坚持马克思主义，即用辩证的眼光看待中华民族传承下来的文化，做到去其糟粕，取其精华。第二，不能在传承的过程中将优秀文化束之高阁，要做到三贴近，使普通百姓认识、喜爱传统文化，从而利用民间力量自发地传承。第三，在传承中创效益，发掘民族文化的市场价值，使文化成为支柱产业之一。

教学建议

1. 本案例的教学目的和用途

教师通过介绍湖北省黄梅县如何想方设法传承黄梅戏，来诠释传承民族文化的重要性和紧迫性。

2. 本案例使用过程中应注意的事项

由于大多数学生传统文化知识比较匮乏，教师在授课过程中，应对黄梅戏文化作简要介绍，通过黄梅戏个案，引导学生意识到传统文化知识对于中国特色文化建设的重要意义。

案例七 亳州中药材

案例文本

素有“药都”之称的亳州，其中药材的生产与销售在全国早已小有名气。近年来，如何做大做强中药产业，一直是这里的决策者和药材生产经营者倾力探索的课题。特别是中国加入世贸组织后，面临机遇与挑战，“药都”人更感紧迫与压力。据最新统计，在全国每年385亿元的中药工业产值中，亳州仅占2亿元；在全国每年6亿美元的中药出口额中，亳州不足20万美元。千年亳药承载了历史的荣耀，同时也积淀了厚重的渣滓。

加入世贸组织后，中药产业实现生产手段的现代化和质量标准化迫在眉睫。不如此将要受到国内外西药的挤压与冲击，还要面临国际市场壁垒。如何提高、创新成了药都不可回避的话题和必然的抉择。

（一）悠久的中医药历史

亳州是汉代著名医学家华佗的故乡。勤劳智慧的亳州人依华佗之灵气，靠土地之肥沃，借交通之便利，种植、经营中药材之风日益繁盛，经久不衰。到明、清时期，亳州就是全国四大药都之一。清末，亳州已经成了药商云集、药栈林立、药号巨头密布、经销中药材2000多种的中药“药都”。

亳州的中药材种植亦是比较广泛的。清代文学家刘开有诗云：“小黄城外芍药花，十里五里生朝霞。花前花后皆人家，家家种花如桑麻。”可见，在当时特定的条件下，医药业的发展主要以种植中草药为主，药业的发展促进了药材业的发展。

在亳州市中心有一处牌坊，穿过牌坊便是华佗的塑像，塑像的身后就是“中国（亳州）中药材交易中心”。每年的9月9日是祭祀华佗的日子，也是中药材交易会开幕的日子，更是亳州的节日。为期3天的交易会，外地药商都汇集于此，整个城市热闹非凡。整个亳州的中药饮片产量占全国的1/4，中药产业年销售收入达100亿元以上，全市有100万人以药为生。

（二）长久弊端催生药市之变

在亳州中药材交易中心正门前，耸立着一位老人的铜身雕塑，他就是生长于亳州的神医华佗。神医慈祥的面孔向熙来攘往的人们展示着亳州悠久的历史和深厚的人文底蕴，以及浓厚的中医药文化氛围。

由亳州市区主干道一直行走，你会看到一座巨大的芍药王花朵雕塑巍然耸立在市中心路口，雕塑的寓意是做大做强亳州中药产业，树千年药都品牌。

一古一今两座雕塑，昭示着后人要继承先人美德，珍惜中华药都美名，为建设新亳州、塑造新药都形象做贡献。然而，“后人”似乎并没有真正明白这雕塑的深刻寓意——现代的药市没有秉承药都悠久的历史和古老的文明，繁荣背后隐藏着巨大的隐患和漏洞。中药材专业市场销售假劣药品、超范围经营中西成药、中药饮片、毒麻药品、国家明令禁止销售的稀有动植物，屡禁不止。尤其是“非典”期间，千年药都的美誉被少数人的利欲、贪心、无知给玷污了，一些不法分子冒天下之大不韪，用辣椒秆、茄子秆充当藿香、佩兰制假售假赚取昧心钱，被中央电视台曝光，引爆了埋藏已久的“火药桶”。

国家工作组来了，省工作组来了，各类新闻媒体的记者来了，亳州中药材专业市场一时成为全国的焦点，亳州药品监管部门因此备受指责，各级领导、各类新闻媒体、社会各界把药品药材市场的混乱、药品药材的质量问题，全都归咎于新组建的药品监管部门。

思考讨论

1. 针对亳州中药材市场的发展情景，请提出有价值的建议。
2. 亳州中药材产业存在哪些不足？

案例点评

亳州中药材产业存在以下不足：药商法律意识淡薄，诚信意识缺失；地方政府追求经济发展，个别职能部门监督缺位；体制、机制不健全，药品药材生产经营秩序极度混乱；饮片生产经营处于无序状态，制假售假极其猖獗；违法违规经营司空见惯，中药饮片加工随处可见；生产工艺不规范，质量高低、成色好差全靠药工目测、舌尝、手感为准，没有统一、严格的标准和方法；生产设备及生产手段落后，基本上是手工半手工操作；缺乏专业技术人员，经营管理水平低，产品开发和创新能力弱；传统观念根深蒂固，种植方法和栽培技术更新改进缓慢。亳州中药材专业市场的整改思路为：以整顿促规范，以规范促发展。有了明确的思路，亳州中药材专业市场争取到了一次生的希望。

教学建议

1. 本案例的教学目的和用途

本案例可用于讲述中国市场经济体制的部分，可引导学生提出改善的对策。比如：做好中药材交易中心升级改造和周边环境治理工作；结合亳州实际，制订现代中药高新园区、药博园、中西药市场、中药信息化平台等规划，围绕规划中的项目做好招商引资工作；积极与科研院校、药界名企加强联系，通力合作，促进共赢；做好仓储配送中心、中西药物流中心等招商项目的促进工作；尽快从中药保健饮品行业取得较大突破。

2. 本案例使用过程中需要注意的问题

教师对亳州药都的由来做必要介绍，并对中药现状做必要的探讨，让学生意识到中医的价值和发展中医的必要性。

案例八　观光电梯的启示

案例文本

柯特大饭店是美国加州圣地亚哥市的一家老牌饭店，由于原先配套设计的电梯过于狭小、老旧，已经无法适应越来越多的客流，于是，饭店老板准备改建一个新式的电梯。他重金请来两位全国一流的建筑师和工程师，请他们提交改建方案。

经过讨论，经验丰富的建筑师和工程师得出了一致的结论：饭店只能重新换一台更大的电梯，而要更换新电梯，饭店必须歇业半年。

“除了关闭饭店半年就没有别的办法了吗?”这结论让老板眉头紧锁。要知道，半年不营业，不仅直接经济损失巨大，更关键的是会造成常客的流失。

“不可能有别的方案。”建筑师和工程师回答得斩钉截铁。

这时，在附近拖地的一个很不起眼的清洁工，恰好听到了他们之间的谈话，他直起腰停止了工作，看了看忧心忡忡、神色犹豫的老板和一脸自信的两位专家，突然开口说：“如果换了我，你们知道我会怎么来装这个电梯吗?”

工程师瞟了他一眼，轻蔑而又不屑地说：“你能怎么做?”

这位清洁工说：“我会直接在屋子外面装上电梯。”

这个离经叛道的办法，让两位专家诧异得说不出话来，仔细一想却又大有道理。很快，这家饭店就在屋外装设了一部新电梯，成为现代建筑史上的第一部观光电梯！

思考讨论

1. 为什么“两位专家诧异得说不出话来”?
2. 如果让你跟这位清洁工说几句话，你最想说什么？

案例点评

辩证唯物主义认为整个世界处在永恒的运动变化发展中，这就要求我们用发展的观点看问题。发展是新事物战胜旧事物，是前进的、上升的变化，没有发展就没有进步，创新就是推动事物的发展。而要具有创造性思维，就不能固守经验，墨守成规。饭店里的清洁工正是因为没有固守经验，打破了常规，才能想出好的方法。

所以说，在这个世界上，并没有绝对的“不可能”，许多“不可能”都是因为被人们的“思维定式”所囚禁。所以，当你遇到难题或困难时，永远不要让“不可能”束缚住自己的手脚。善于跳出“思维定式”的圈子，善于逆向思维，都是将“不可能观点”击碎的有力武器。当然，要让“不可能”变成“可能”，关键就是你在面临“不可能”的时候，努力让自己再向前迈一步，再坚持一下。很多事实证明，那些成功者之所以能成功，就是因为他们对“不可能”多了一分不肯低头的韧劲和执着。

说到这里，可能会有学生问：怎样叫思维定式呢?

所谓思维定式，就是按照积累的思维活动经验教训和已有的思维规律，在反复使用中所形成的比较稳定的、定型化了的思维路线、方式、程序、模式（在感性认识阶段也称作“刻板印象”）。

辩证法的批判精神和创新意识是紧密联系在一起的。创新是对既有理论、实践的突破，要创新就要有批判和发展。辩证法的革命精神和批判性思维要求我们密切关注变化发展着的实际，敢于破除落后的思想观念；注重研究新情况，善于提出新问题，敢于寻找新思路，确立新观念，开拓新境界。这是我们事业不断取得成功的关键。

教学建议

1. 本案例的教学目的和用途

世界永远处在不停地运动、变化和发展的过程中，任何事物对它发生的那个时代和那些条件说来，都有它存在的理由；但是对它自己内部逐渐发展起来的新的、更高的条件来说，它就变成过时的和没有存在的理由了；它不得不让位于更高的阶段，而这个更高的阶段也要走向衰落和灭亡。

因此，辩证法在对现存事物的肯定的理解中同时包含对现存事物的否定的理解，即对现存事物必然灭亡的理解；辩证法对每一种既成的形式都是从不断的运动中，因此也是从它的暂时性方面去理解；辩证法不崇拜任何东西，按其本质来说，它是批判的、革命的、创新的。

2. 本案例使用过程中需要注意的问题

大学生创新意识的培养是我们国家一直强调的，教师在授课过程中要注意结合政策开展教育，并结合学生专业进行必要的创新方法教育，让学生意识到创新的重要性，并在学习中坚持创新。

案例九　凝聚中国力量，建设美好安徽

案例文本

合芜蚌落实税收惠政激励自主创新

作为国家自主创新示范区先行先试政策试点之一，合芜蚌综合试验区与北京中关村、武汉东湖和上海张江国家自主创新示范区一样，享有企业股权和分红激励试点改革、支持自主创新税收试点改革等核心政策。其中，股权和分红激励试点赋予企事业单位重要技术人员和管理人员一定的股权和分红权，使其能够以股东的身份参与企业决策、利润分享，并承担经营风险，从而勤勉尽责地为企业长期发展服务。

在股权和分红激励试点的基础上，作为国家自主创新示范区先行先试政策试点之一，合芜蚌综合试验区2012年获批享有3项支持自主创新的税收试点政策等新政。即在2012年1月1日至2014年12月31日试点期间，给予试点地区高新技术企业为科技人员缴纳的“五险一金”列入企业所得税税前加计扣除范围，发生的职工教育经费支出按不超过工资薪金总额8%列入税前扣除，相关技术人员获得股权奖励应缴纳的个人所得税在5年内分期缴纳。

据财税部门相关人员介绍，3项支持自主创新的税收试点政策把支持重点向创新企业、创新过程倾斜，着力点为激励创新人才。以支持高新技术企业为基础的，把研发经费加计扣除范围扩大到企业为科技人员缴纳的“五险一金”，把企业职工教育经费税前扣除比例从2.5%提高到8%，就是要鼓励企业加大对研发过程的投入，增加为提高企业研发人员研发能力的培养教育的投入。

两皖企入选全国首批示范企业

2011年10月27日，科大讯飞、时代出版两家安徽企业被科技部认定为第一批现代服务业创新发展示范企业。一同获得认定的还有淘宝、盛大、阿里巴巴、百度等47家国内知名企业。

为更好地推动我国现代服务业的发展，科技部在全国范围内选择一批技术含量高、商业模式和服务方式新颖、具有一定影响力的现代服务企业作为示范企业，安徽省两公司获得“现代服务业创新发展示范企业”认定，既是对它们自主创新能力和产业地位、发展前景的充分肯定，也有利于它们进一步提升创新能力，更好地获得政府有关部门的指导和支持，从而取得更迅速的发展。

此次入选的皖企是安徽省现代服务业创新发展的领军企业。科大讯飞作为中国最大的智能语音技术提供商，自主研发的智能语音交互技术已广泛应用于电信、金融、社保、交通等各行业，拥有华为、联想、海尔等1400多家开发伙伴。自主设计的电信语音搜索系统覆盖用户超过1.66亿；语音评测系统在国家普通话等级考试中累计测试355万人；普通话和英语教学系统在全国25个省份应用，覆盖2400多万名师生。时代出版近年来积极探索以互联网为平台，采用图文、音频、视频等形式，实现了对出版内容资源进行全方位、深层次、多元化的开发利用，促进了科技与文化产业的融合，提升了现代服务业创新发展的模式。

安徽城镇医保结算年底实现全省“漫游”

全省城镇基本医疗保险异地就医结算试点已于2015年7月15日启动，六安、马鞍山、芜湖、铜陵等4个试点城市与安徽省立医院，安徽医科大学第一、第二附属医院等14家合肥地区定点医疗机构实现单向联网结算。省人社厅相关负责人介绍说，2013年年底，城镇医保异地就医结算全省将力争基本实现联网。

据介绍，我省首位享受异地就医结算的患者，是来自金寨县的职工陈某，目前已经出院。53岁的陈某患有大隐静脉曲张病，以前每次来合肥看病都自己垫付，这次7000多元医疗费用，个人仅支付2000多元，在医院结算窗口，4000多元的医疗费当场就报销了。据了解，7月中旬，六安等4个试点城市的参保人员到合肥定点医院就医，可以享受单向实时结算。此后我省将实现4个城市之间双向异地就医结算，最后将推广至全省，即各市、县之间进行双向异地就医结算。截至2012年年底，我省城镇基本医疗保险参保人数达到1659.82万人，参保率持续稳定在96%以上。

随迁子女凭居住证无障碍入学

《安徽省教育厅关于进一步做好进城务工人员随迁子女就学工作促进新型城镇化进程的意见》（以下简称为《意见》）已经出台，今后安徽省进城务工的人员只要持有流入地居住证，其随迁子女即可就地、就近、方便、免费接受义务教育，实现“一样就读、一样升学、一样免费”。《意见》要求各地充分考虑随迁子女流动性大等特点，根据实际需要，可先入学、后办手续，也可中途申请办理转学手续。流入地教育行政部门还须将学前教育纳入基本公共教育服务体系，满足随迁子女学前教育需求。

进城务工人员随迁子女在流入地参加初中毕业学业考试和报考高中阶段学校，平等享受高中招生政策和享有优质高中教育资源。不具有我省户籍的随迁子女，在我省具有高中阶段3年完整学籍并有相应学习经历，也可在学籍地参加高考。流入地教育部门不得以任何理由和任何名义，向义务教育阶段随迁子女及其家长收取择校费、赞助费、捐资助学费、共建费等。随迁子女接受非义务教育，流入地应执行相同的收费项目、标准和方式，不得有任何形式的歧视性收费。

教育厅要求各地全面清理本地区随迁子女就学政策，彻底消除随迁子女在流入地就学障碍，制定本地政策和实施办法。各地要完善义务教育经费保障措施，将随迁子女义务教育公用经费纳入接收学校的经费预算中统筹安排，按进城务工农民随迁子女的在校生数拨付经费，予以保障；要将家庭经济困难随迁子女全部纳入流入地资助范围，帮助他们完成学业。

思考讨论

1. 建设美好安徽中，需要协调发展哪些方面的内容？
2. 如何实现凝聚中国力量，实现中国梦和美好安徽的建设？

案例点评

勇于争当安徽崛起的时代先锋。追求梦想，离不开正确的方向；团结奋斗，更需要引领的力量。中国共产党是领导中国特色社会主义事业的核心力量，是团结带领全国人民实现现代化的中流砥柱。从带领中国人民“站起来”，到改革开放让人民“富起来”，再到全面建成小康社会让13亿人“幸福起来”，立党为公、执政为民，是我们党矢志不渝的追求，也是加强和改善党的领导的基本动力。梦想宏大，但不会一蹴而就，更不会一帆风顺。全省各级领导干部要勇于担当，不断提高推进科学发展的能力水平，切实担负起加速安徽崛起的历史重任。在日常工作中，我们要善于沉下心，真正把心思放下去、沉下去，真心实意为群众办实事解难事，一心一意为发展谋思路找出路；要勇于沉下身，深入基层体察民情、体验民生、体会民意，问政于民、问需于民、问计于民；要敢于沉下力，把时间和精力放在狠抓工作落实上，直面矛盾不回避，应对困难不退缩，扎实工作，锐意进取，创造无愧于历史、无愧于时代、无愧于人民的新业绩。

教学建议

1. 本案例的教学目的和用途

中国力量的论述是中国梦的重要组成部分。安徽省第九次党代会提出的“三个强省，建设美好安徽”的目标是相当长的一个时期内安徽发展的方向和动力。

2013 年 4 月开展的“安徽精神”大讨论，对安徽省精神文明发展的特点进行了进一步的凝练，实现安徽发展有特色、跨越发展有魄力、追赶超越有能力的精神面貌。

2. 本案例使用过程中需要注意的问题

中国力量是中国人民群众的力量，在历史的发展中是人民群众在推动发展。要区别对待推动历史前进的力量和阻碍历史发展的力量。

案例十　细节的重要性

案例文本

500 强传统企业麦当劳，称其为餐饮界的明星不为过。之所以有今天如此之高的成就，对于细节追求的精益求精是麦当劳赖以成功的法宝。麦当劳的细节哲学，值得我们去学习。

有没有想过你使用的吸管是经过严格标准制作出来的？麦当劳的吸管粗细是参考吮吸母乳的速度制定的，这样的吮吸感觉达到完美；而面包气孔的直径也经过严格限定在 5 毫米左右；麦当劳对于服务等候时间的 30 秒原则相信大家也都注意到了。

一包简单的薯条，宽度、油炸时间、室内温度都有严格的规定。更有独特的八字拖地法等一大批规范化的、从细节出发的企业宝典。这一切都是麦当劳在细节上所做的努力，是成就这家快餐帝国的秘密所在。

在市场竞争日益同质化的今天，细节已成了决定竞争成败的一个非常关键的因素，细节也是铸造品牌的重要组成部分。作为服务行业的餐饮业，如果不以消费者为中心，不注重从消费者的需求出发来做好每个细节，不比消费者想得更先，想得更多，想要留住消费者的心就会很难很难。

麦当劳是员工密集型的企业，生产和服务都十分简单，它的管理精髓都集中在“细节”一词上。麦当劳的总裁弗雷德·特纳把麦当劳战胜竞争者归功于细节，他曾说：“我们的成功表明，我们的竞争者的管理层对下层的介入未能坚持下去，他们缺乏对细节的深层关注。”公司创办者雷·克劳克说：“我认为在公司管理上，少即是好。由于麦当劳的规模，今天的麦当劳是我所知道的最没有结构的公司，因此我强调细节的重要性。如果你要把整件事做好，你必须做好你业务中的每个基础环节。”

为了贯穿这一思想，麦当劳始终不断地把各种管理流程细节化，这种方式需要麦当劳的员工付出大量的学习时间和工作强度。举个例子来说，一名麦当劳的员工曾表示：“我刚去麦当劳时，他们给我一顶小白帽子，让我从最简单的工作做起——炸薯条，然后让我去做奶昔，就这样一直做到烤圆面包和牛肉饼。我们休息只能在一间小屋子里待着——而且此时也不放过培训——里面有一台电视和一台录像机，不停地放着强调麦当劳做事方式的宣传片——如何更好地做一个汉堡、如何保持薯条松脆，诸如此类。”

为了把细节做到更完美，麦当劳有一个创举式的方法，它费尽心机编写了《麦当劳手册》，这本书是他们把细节管理做到极致的体现。

这本书包含了麦当劳所有服务的每个过程和细节，例如“一定要转动汉堡包，而不要翻动汉堡包”，或者“如果巨无霸做好后10分钟内没有人买，法国薯条做好7分钟后没人买就一定要扔掉”“收款员一定要与顾客保持眼神的交流并保持微笑”等，甚至详细规定了卖奶昔的时候应该怎样拿杯子、开关机器、装奶昔直到卖出的所有程序步骤。麦当劳现在还在不断地改进和增加这本书的内容。现在，麦当劳的每一家连锁店都要严格按照这本书操作。正是这本书的推行，使麦当劳的所有员工都能够各司其职、有章可循地工作；即使是新手，也能借助这本书迅速学习和操作，保证任何人都能在短时间内驾轻就熟、胜任岗位，实现了“谁都会做、谁都能做”。

思考讨论

1. 为什么麦当劳能够把注重细节贯彻到它的经营活动的每个环节中去？
2. 为什么细节能够决定成败？

案例点评

如此关注细节，如此规范细节，正是这种对细节的关注程度，使得麦当劳的特许连锁经营方式迅速发展起来。麦当劳的连锁经营有4个特点：标准化、单纯化、统一化、专业化。标准化要求连锁店在店名、店貌、设备、商品、服务等方面，完全符合总部制定的规则，达到麦当劳所认证合格的水准。单纯化要求连锁店各个岗位、各个工序、各个环节运作时，尽可能做到简单化、模式化，从而减少人为因素对日常经营的影响。统一化要求连锁店在经营过程中，将广告宣传、信息收集、员工培训、管理经营方针等做到协调一致，整齐划一。专业化要求连锁店将决策、采购、配送、销售等环节统统细化，不同职能截然分开。这四个方面其实都是细节，因为只要贯彻其中任何一个思想，中间都有无数的细节需要被严格执行。

最大限度地追求完美服务，关注经营过程中的每一项细节，这是麦当劳正在做、还将永远做的。

教学建议

1. 本案例的教学目的和用途

本案例可用于讲述细节与创新意识的关系。

谈起创新，许多人觉得这个词太高不可及，离自己太遥远，仿佛创新只是科学家们的工作。其实，恰恰相反，创新往往可以从小细节入手，日常工作中的小发明创造同样可以带来大效益。

麦当劳的成功告诉我们，创新要从细节开始。创新就在我们身边，就是工作中的每一个细节，把每一个细节做到极致就是创新。细节的创新可以达到对整个企业发展状况的持续改善，从而获得巨大的成效。虽然每一个细节看上去都很小，但是积累起来就会发生质变，创造出完全不同的更好的产品或服务。

2. 本案例使用过程中需要注意的问题

细节决定成败，很平凡的一句话却蕴含深刻的道理。教师在授课过程中要注意引导学生树立细节意识和认认真真做事的理念，最好能够结合学生所学专业开展必要的课堂讨论。

案例十一　好学力行，造就良医

案例文本

2008 年，在第三届安徽省大学生职业规划设计大赛总决赛上，安徽医科大学有 5 名同学当选“职业规划之星”——占决赛人数的 1/6。还有让人更为称奇的是，在全国大学街舞电视挑战赛中，这些医科大学生竟然也能战胜各路高手进入总决赛！对于这些乍看上去与专业互不关联的活动，安徽医科大学党委书记有自己的解读：医科大学也要注重文化育人。

如何适应社会需求，培养高水平、高素质的专业人才，是安徽医科大学一直努力探索的方向和课题。针对学校以医科为主的专业结构特点，安徽医科大学把营造人文氛围与专业教学科研并举，注重文化育人，创新育人文化。

解读“好学力行，造就良医”

校训“好学力行，造就良医”，彰显着安徽医科大学的办学宗旨与特色，浓缩了中华传统哲理和医学教育理念之精髓，其意蕴广大而深刻。这八字箴言出自我国著名思想家、教育家蔡元培先生两次为该校前身东南医学院师生的题词赠言。一代代医大人恪守此宝，自勉自强，不断创造辉煌。如今，这八字箴言早已成为激励全体安医大人的一面高扬的旗帜，成为安医大的灵魂和精神象征，而且顺理成章地于80周年校庆之际，被公认为新校训。

蔡先生曾被毛泽东主席誉为“学界泰斗，人世楷模”，拥有崇高的学术地位和人格魅力。从字面诠释，好学力行和造就良医之间有着内在的逻辑联系，“好学力行”乃“造就良医”的基础和前提条件，“造就良医”则是目标和结果。我们稍做分析，则更见其意境悠远。倘在探寻安徽医科大学发展轨迹的同时，追慕泰斗大师的心路历程，感受先生当年那颗律动的心，反复品读，探其底蕴，确实字字味之隽永。结合当前实际，其浓郁的时代气息历久弥新。

“好学”勉励莘莘学子树立最佳求学心态，“力行”则突出医学教育的特点———医学是实践性极强的学问。好学，就是要主动学习、广泛学习，学做人，学知识，学技艺，务在得其道。

“好学力行”以修身。正心诚意，学之本也。《大学》曰：“格物、致知、正心、诚意、修身、齐家、治国、平天下”。君子、大丈夫要修养道德，首先要修己，成为一个有伦理道德之人；进而“齐家”，成为一个有人际伦理道德之人；再而“治国”，成为一个有社会伦理道德之人；而后“平天下”，成为一个有终极伦理道德之人。从以上不难看出，“好学”“力行”是古代圣贤之言，是修养(动词)，是达德、修身的过程。1934年10月，陶行知先生在《教育的新生》一文中，就革新传统教育方法提出了“行是知之始，知是行之成”的光辉思想。蔡元培先生的题词已凸显着当时的时代精神，其思想与陶行知同辉。

“好学力行”以治学。在这里，校训理论与实践的联系更加紧密。蔡元培先生专为东南医学院师生题词，萃取了历代治学之金玉良言，将“好学”“力行”抽象出来，连成一体，具有很强的针对性。进而，他又提出了一个非常重要的哲学范畴———知行关系。“知”，是指知识或认识；“行”，是指行动或实践。

可见，蔡元培先生的“好学力行”至少蕴藏和传递两个方面的意义：一是修身做人要按照先贤的训导，修身、达德（智、仁、勇）。当前就是要把社会主义核心价值观，通过“好学力行”融化在自己的血液里。二是治学要遵循“知行合一”的规律，“实践、认识、再实践、再认识”，学习知识、传承知识、创造知识。“良医”就是这样“造就”出来的！这难道不是当代知识分子所追求所崇尚的修身治学之道吗?

教医学专业技能、育医学人文素养

针对专业特点和社会需求实际，安徽医科大学从教学入手大力营造人文精神氛围。学校在从过去单一的医科专业结构拓展为医、药、文等多科互补的基础上，不仅精心设计“医药复合”“医文复合”等复合型人才培养课程，而且积极创造条件开设中国传统文化、书法欣赏、音乐欣赏、人生哲理、卫生法规等人文社科课程。学校在积极建设7家附属医院和100多家临床学院、教学医院和专业实践教学基地的同时，建立江淮汽车、合肥大圩、安徽省博物馆等一批素质教育基地，让学生拥有更广泛的文化教育渠道。

按照“好学力行，造就良医”的理念，安徽医科大学把丰富多彩的校园活动作为文化育人的良好载体。学校鼓励、支持大学生组建学生社团和开展各项活动，提升团队合作精神、社会交往能力和创新创造意识。在安徽医科大学，既有琴棋书画的传统社团、各种球类的体育社团，也有医疗卫生的专业社团，还有全校大学生广泛参与的青年志愿者组织。2008年汶川大地震期间，安徽医科大学先后有几千人次的青年志愿者到接受灾区伤员的各个医院，或护理伤员，或开展心理咨询和辅导。

文化育人使大学生们在掌握扎实专业知识的同时，具备较高的人文素养和良好的品质品格。安徽医科大学的毕业生一直得到用人单位的好评和欢迎，学校不仅连续多年成为就业工作先进单位，而且在目前就业的严峻形势下，就业情况也保持稳定。

思考讨论

1. 医学院校教育中，注重培育医学生人文素养、人文精神的意义何在？

2. 作为我们学生自身，应该怎么做？

案例点评

安徽医科大学在文化育人的实践中，从校史育人入手，把“好学力行，造就良医”确定为校训，用“爱国爱民，献身人类健康”的优良传统、“兴国、奉献、仁爱、和谐”的育人理念和“严谨、勤奋、求真、创新”的良好校风，进行全面诠释。通过挖掘整理学校先贤投身抗日烽火、服务百姓民众的历史事迹，激励学生树立爱国情、报国志和服务人民的情操理念。

“良医”目标的实现，不仅要主观上的“好学”“力行”，而且要客观上的“力行”“造就”。今天的医学生不仅要积极刻苦地学好书本上的理论知识，用理论知识去丰富自己、指导实际工作，而且还要认真踏实地去动手操作，用实践能力去升华理论知识，提高自身素质，加强思想道德建设，在做好医生之前，首先要做好人，成为一个道德高尚的好医生。只有这样，学生才能把自己造就成社会的栋梁之材。要牢记党的教育方针，真正做到育人为本，德育为先，一切为了学生，积极营造浓郁和谐的教学环境。只有这样，学校才能不辜负党和人民的重托，才能为社会做出贡献。

教学建议

1. 本案例的教学目的和用途

本案例介绍了安徽医科大学校训“好学力行，造就良医”的由来，以及该校师生秉承校训精神，注重人文素养的培育，不断提高医学生的综合素质。通过教学，学生得以懂得，在学校学习专业知识的过程中，专业技能固然重要，但是自身的综合素养更不可被忽视。在校期间，学生更应该多汲取专业之外的人文知识，使自己全面发展。本案例可用于大学生综合素养教育教学中。

2. 本案例使用过程中需要注意的问题

本案例在使用中，教师应注意引导学生明白在学习专业知识的过程中，还应注重自身综合素养的培育，多汲取人文知识，多到社会中锻炼。

案例十二 求真、向善、塑美

案例文本

镜头一：以“求真”为出发点，做诚实守信的安医大人

“求真”是治学做人之本。求真即追求真理，它是指在科学理论与方法的指导下不断地认识事物的本质，把握事物的规律。在我们所说的“求真”中，“求”是寻找、调查、探究，“真”是事实、存在、规律。求真就是要以认真负责的精神、实事求是的态度、科学严谨的方法，查明事实真相，探究现象本质，掌握客观规律，使我们对事物的认识达到一个全面而理性的高度。

怎样才能做到“求真”？

一是要端正态度，善于思考。态度是人们在自身道德观和价值观基础上对事物的评价和行为倾向。态度是治学的动力因素，影响着人们对学习、工作的投入、过程及效果。只有树立科学的态度，踏踏实实地学习，勤勤恳恳地工作，才能获得真理性的认识。

思考是对某一个或多个对象进行分析、综合、推理、判断等思维的活动。思考乃是人的天赋。大学生要大胆质疑，独立思考，富于想象，尊重事实，敢与课本较真，敢于向权威挑战，敢于标新立异。只有当一个人有独立思考的能力后，他自己才能有所作为，才能独立处事。因此，教师要善于启迪学生学会提问，学会思考，鼓励学生大胆假设，细心求证，形成相互交流、积极合作的学习氛围。

二是要诚实守信，反对弄虚作假。诚信是一个合格大学生的根本，是一个合格教师的根本，也是所有合格安医大人的根本。“诚者，物之始终。”诚信对人才成长、事业成功有很大作用，也是一个人立身做人的基本原则。“人无信则不立。”诚信既是华夏文明的精髓，又是中华民族的传统美德，同时也是我国公民道德建设的一个重要内容。

诚信问题，对个人而言是走向成功的一道坎；对国家而言是迈向现代化的一道坎。大学生作为社会主义事业的建设者和接班人，更应是诚信的倡导者和实践者。大学生要大力弘扬诚信待人、诚信立人的美德，成为践行信用美德的表率。

高尚的道德情操、严谨的自律精神、坚定的诚信信念，是新时期大学生所应具备的道德准则。

镜头二：向善——永恒馒头店

三位青年开了一个永恒馒头店，只送馒头不卖馒头，这是发生在石狮市的真人真事！

“免费馒头只送不卖，专供贫困人群”不仅引起社会关注和网友热议，也引来了官方和媒体的评论。2011 年 8 月 3 日，中央电视台《新闻周刊》人物专刊报道了此事。节目中，央视主持人白岩松说：现如今，这人心是冷漠的，还是依然有爱的呢？做起判断来，并不太容易，因为总有矛盾的案例，让你得出不同的结论……在福建石狮，你看到年轻人居然会开一个只送不卖的馒头店，这会温暖多少人？

礼之无存，人心不古。人心向善，“向”这个字是关键，它是一种力量，是一种动力。我国传统文化都是推崇向善的，如“从善如流”“上善若水”等。我国台湾地区学者傅佩荣先生说，一个人立志行仁，是从真诚觉悟了内心向善力量开始，积极主动地要求自己去为善，这样的善行是由内而发的，不是为了任何外在的目的。《三字经》上说：“人之初，性本善。”英国哲学家罗素也说：“在一切道德品质之中，向善的本性是最重要的。”在人类社会中，向善的确是一种不可缺少的精神品质。其本身有一种独特的魅力，吸引着人们不断地去将它发扬。我们每次向善，其实并不是为了有所回报，因为向善是我们从心底里发出的一种奉献，如果为了回报而去向善，那么本身便已是不善了。

一个人有了向善的心，才能完善自己的人生。简单说，人行善，福未至，祸已远；人行恶，祸未至，福已远。“好人难做”的确是一个现实问题，但向善之心不可无。当我们感到无力时，不妨相互拉一把；当我们感到寒冷时，不妨抱团取取暖；当我们遇到挫折时，请多给些掌声，让理想者走得更远。只要我们一同努力，就一定能找到一个人心向善的出口！

镜头三：塑美——美梦成真

追求美好梦想是每个人的愿望，而作为一名小学生又会有怎样的梦想呢？又该如何去追求呢？在绿春县的大兴镇大寨民族小学就读的白秋瑾，不仅在学习上严格要求自己，在生活中也是从小事做起。她的理想就是做一个对社会有用的人。

白秋瑾于2001年3月出生，在班里担任学习委员和中队长。在学校里，她以努力认真、持之以恒的学习态度学好各种知识。每天，她都要对第二天要学习的新知识认真预习，做好预习笔记，对于自己学会的和疑难处做到心中有数；第二天课堂上，她认真听讲，自觉遵守课堂纪律，能抓住重点进行学习，积极思考，不懂就问。正因为她学习刻苦努力，作业从不拖拉，学习成绩一直名列前茅。

课堂上的知识是必学的，而课外也有大量知识对于人的成长有用。为了跟上时代的发展步伐，为了扩展自己的知识面，白秋瑾大量阅读一些有益的书报，碰到难题就向老师请教或自己查阅资料弄懂。当然，她也不仅仅是自己学习，还利用课余时间，帮助缺课同学和学习较差的同学补课。

平时在学校里，每逢打扫卫生、班里的值日，她总是一马当先，带领大家一起劳动，总带头抢脏活、累活干；班里开展什么班队活动，她也非常积极，为班级送来所需的装饰品，从不吝啬；亲自动手布置教室、场地，出谋献策。同学对她信服，而老师也对她信任有加。

俗话说，农村的孩子早当家。出身于农村家庭的白秋瑾很小就学会了独立生活。白秋瑾深爱家人，也用自己的行动来体现着自己对家人的爱。放学回家或者节假日，她积极做一些家务活，到田间帮助父母做一些力所能及的农活。妈妈做饭时，她在一旁帮忙淘米、打鸡蛋。她知道妈妈照顾一家人很辛苦，晚上就端来热水为妈妈洗脚。父母虽然很心疼她，但是她仍坚持帮父母做事，让父母都深深感到小秋瑾长大了。

劳动让她体会了父母的辛劳，劳动也让她增长了才干，并且增强了她的自信心。爷爷、奶奶年纪大了，细心的她常常陪老人散步聊天，还给爷爷、奶奶洗头，用自己省下的零钱为老人买来可口的点心。

思考讨论

1. 从康德的《纯粹理性批判》《实践理性批判》《判断力批判》视角，谈谈什么是真、善、美？

2. 作为医学院校的大学生，你如何践行求真、向善、塑美的理念目标？

案例点评

求真、向善、塑美，既是人类追求的精神理念，也是人们奋斗的价值目标。

真，与客观事实相符合，与“假”“伪”相对；善，指品行敦厚、仁慈，与“恶”相反；美，喻形貌好看、漂亮，与“丑”相斥。

求真，即为追求事物发展的真理所在和寻找事物发展的客观规律，是在科学理论与方法的指导下不断地认识事物的本质、把握事物的规律。向善，即是践行一种利人的品德，这是人类一切精神和道德品格中最伟大的一种。向善的趋势表明，人们在追求物质富裕的同时，也将始终不忘精神富有。塑美，意即打造美丽，将一种美德、善良、优态展示于人。

求真的“学风”，向善的“馒头”，塑美的“秋瑾”……这一切无不诠释着当代中国人在构建和谐社会、建设美丽中国中践行着自己的真善美！

教学建议

1. 本案例的教学目的和用途

本案例通过真善美范畴的了解以及其价值的展示，让当代大学生，尤其是医学生懂得要想成为一名合格的医生不是一件轻而易举之事，只有在“求真”中掌握高超的医疗技术，在“向善”中敬畏生命，在“塑美”中展现天使的形象，才能成为构建和谐社会、建设美丽中国的良医。

2. 本案例使用过程中需要注意的问题

本案例在使用过程中，教师应从真善美与假丑恶的对比中，引导学生树立求真、向善、塑美的价值理念，从而促进学生的全面发展。